MIĘDZY BRZEGAMI
ANTOLOGIA
GRUPY POETYCKIEJ „ARKA"

MIĘDZY BRZEGAMI
ANTOLOGIA
GRUPY POETYCKIEJ „ARKA"

Point Publications, Inc.
Stevens Point, Wisconsin 2017

Współpraca redakcyjna: Edward Dusza i Monika Pawlak
Konsultacje: Elżbieta W. Chojnowska
Opracowanie graficzne i skład komputerowy: Monika Pawlak

ISBN: 978-0-9966217-8-6

Copyright © Grupa Poetycka ARKA, 2017
Wszystkie prawa zastrzeżone.
Książka ani żadna jej część nie może być przedrukowywana ani w jakikolwiek inny sposób
reprodukowana czy powielana mechanicznie, fotooptycznie, zapisywana elektronicznie
lub magnetycznie, ani odczytywana w środkach publicznego przekazu bez pisemnej zgody wydawcy.

Wydanie I

Published by
Point Publications, Inc.
2804 Post Road, Stevens Point, Wisconsin 54481

Józef Komarewicz

Rozmowa
z Elżbietą W. Chojnowską

– Jakie były okoliczności powstania waszej grupy poetyckiej?
– ARKA została założona na początku 2012 roku, w większości przez byłych członków Zrzeszenia Literatów Polskich im. Jana Pawła II w Chicago. Spotykaliśmy się w różnych przychylnych poezji chicagowskich przestrzeniach, na przykład w polskich kawiarniach. Przez dwa lata gościliśmy w Art Gallery Kafe w Wood Dale, a od 2014 roku spotykamy się w restauracji Alibaba Retro w Chicago. Początkowo były to spotkania dyskusyjne nad warsztatem literackim, później rozmawialiśmy o polskiej poezji i poetach. Z czasem zaczęliśmy organizować cykliczne, comiesięczne biesiady. Postanowiłam założyć coś na kształt grupy poetyckiej, która będzie promować twórczość poetów zamieszkałych w metropolii chicagowskiej oraz poetów współczesnych, a także przypominać klasyków. W dobie zalewu grafomanii w pismach polonijnych, miała to być grupa, która będzie propagowała prawdziwą poezję. Stąd biesiady, na których byli przedstawiani ci, którzy potrafili sobie poradzić ze słowem pisanym. Bo nie wszystko co się pisze jest poezją. Widzimy to na przykładzie grupy, w której byliśmy poprzednio.
Dość dużo czasu zajęła nam sprawa nazwy grupy. Ostatecznie przyjęta została propozycja Marka Wieczorka – ARKA. Uznaliśmy ją za symbol ratowania poezji przed narastającym zalewem grafomanii. Oprócz mnie i Marka Wieczorka, w grupie założycielskiej znaleźli się: Ewelina Zielińska, Marcin Kowalik, Anna Radzikowska, Ja-

nusz Kliś, a później dołączyli inni. Tutaj chciałabym wymienić m.in. Zofię Bukowską, Iwonę Szybowską i gościnnie bywającego u nas Władysława Jana Burzawę.

– Poproszę o parę zdań na temat programu Grupy Poetyckiej ARKA oraz jej założycieli i członków, a także ich dorobku literackiego.

– ARKA ma w programie pisanie i prezentowanie utworów poetyckich o zróżnicowanej tematyce. Wiersze te muszą być na odpowiednim poziomie artystycznym. Chcemy się wyróżniać bliskim doskonałości warsztatem poetyckim, artyzmem literackich utworów, czy też prezentowanej na biesiadach, bądź też w różnego rodzaju publikacjach, naszej twórczości.

Dotychczas zorganizowaliśmy 33 biesiady poetyckie. Każda z nich była jedyna w swym rodzaju. Mamy coraz większą popularność. Na nasze spotkania przychodzą ludzie, którzy oczekują dobrej poezji i pragną właśnie od nas ją usłyszeć. Dołączają też muzycy, którzy wspaniale realizują podkład muzyczny do naszych spotkań, jak również prezentują poezję śpiewaną wykorzystując nasze teksty. Chciałabym tu wymienić Justynę Chojnowską, Marcina Kowalika, Jerzego Kaczanowskiego, Mirę Szablę oraz Marka Kalinowskiego.

Większość z nas ma za sobą debiuty literackie – tomiki wydane wcześniej oraz publikacje w almanachach, jak też i różnych czasopismach w Polsce oraz poza jej granicami. Nie zapominamy też o utworach poetów tworzących na emigracji, którzy byli przed nami i pozostawili swój bogaty dorobek literacki. Do nich należą: Tymoteusz Karpowicz, ks. Czesław Polak, Zbigniew Chałko oraz Feliks Konarski „Ref-Ren", Marek Gordon.

Pomimo, iż jesteśmy oderwani od środowiska literackiego w Polsce, to jednak udało nam się nawiązać kontakty z wieloma poetami, między innymi: Anną Ulman, Krzysztofem Kołtunem oraz Jerzym Fryckowskim. To dzięki nim nasze wiersze drukowane są też w Polsce.

– Czym dla Pani jest poezja?

– Poezja jest dla mnie pewnego rodzaju ucieczką od codzienności i tajemniczą wyspą, na której jestem sobą. Pisząc wiersze najpierw wydobywam z siebie uczucia, potem kształtuję myśli, następnie powstaje zarys wiersza, który rzeźbię i wielokrotnie udoskonalam, aż stanie się moim wierszem, którym dzielę się z czytelnikami. Zdaję sobie sprawę z tego, iż jeśli już wypuszczam moje wiersze w świat, muszą być one przynajmniej poprawne.

– *Jaka jest sytuacja i warunki rozwoju polskich poetów w Chicago? Czy istnieje zapotrzebowanie na współczesną poezję w środowiskach polonijnych?*

– Sytuacja polskich poetów w Chicago jest trudna ze względu na to, iż jesteśmy pozostawieni własnej przedsiębiorczości i możliwościom. Niestety, nie mamy żadnego wsparcia ze strony rządu polskiego, ani też amerykańskiego czy też władz stanowych lub miejskich. Nasze spotkania odbywają się w prywatnych lokalach. Dzięki redakcji tygodnika *Monitor* mamy możliwość druku naszych wierszy. Tam też publikujemy wiersze poetów z różnych zakątków świata – emigrantów jak i my. (...)

– *Jak ocenia Pani własną sytuację literacką? Proszę również spojrzeć na swój debiut literacki i powiedzieć, czy zmienił on coś w Pani życiu?*

– Mój literacki debiut miał miejsce w 1982 roku w łomżyńskich *Kontaktach*, a następnie drukowałam swoje utwory w pismach o zasięgu ogólnopolskim. Miałam wtedy 18 lat i czułam się jak „poetyckie niemowlę" w kręgu dojrzałych twórców. Największym wtedy autorytetem i jednocześnie nauczycielem poetyckiego słowa był znany poeta Tadeusz Mocarski, który przez wiele lat prowadził warsztaty poetyckie w Miejskim Domu Kultury – Domu Środowisk Twórczych w Łomży, organizowane wtedy przez Łucję Swoińską. To dzięki Mocarskiemu zrozumiałam, że nie każdy napisany wiersz jest poezją i do dzisiaj trzymam się tej reguły. Mocarski wybrał też wiersze do mojego pierwszego arkusza poetyckiego zatytułowanego *Chciałabym powiedzieć*, wydanego w 1985 roku przez MDK-DŚT w Łomży. Zapewne nie wszyscy współcześnie piszący wiersze zdają sobie sprawę z tego, jak trudno było w tamtych czasach o jakikolwiek druk – nie tylko ze względu na cenzurę. W wielu polskich czasopismach było tzw. „redakcyjne sito", które nie przepuszczało do druku pozbawionych artyzmu „częstochowskich rymów". Tak więc wiersze nijakie, koślawe, ułomne pod względem warsztatu literackiego nie miały szansy ujrzeć światła dziennego.

– Co chciałaby Pani zmienić w życiu literackim środowisk polonijnych i jakie są Pani plany artystyczne?

– Jest dużo polonijnych środowisk literackich rozrzuconych nie tylko w USA, ale również w wielu innych krajach. Wydaje mi się, że brakuje nam możliwości integracji tych środowisk. Chciałabym to zmienić, wprowadzając elementy łączności i wymiany pomiędzy różnymi grupami. Co prawda mam wiele pomysłów do zrealizowania w tym zakresie, ale – jak na razie – są to tylko plany za względu na czas, jaki musiałabym poświęcić na ich realizację.

Chicago, 2014

Urszula Brynda

Urodziła się w 1967 r. w Białymstoku. Z wykształcenia nauczyciel nauczania początkowego, z zawodu księgowa, z zamiłowania poetka, podróżniczka, miłośniczka przyrody, fotografik, koszykarka.

W 2005 roku wyemigrowała na stałe do Stanów Zjednoczonych. Mieszka w Chicago.

Na ziemi Waszyngtona wiernie pielęgnuje ojczyste tradycje, kulturę i język. W wolnych chwilach odwiedza Polskę, tam, gdzie zawsze jest jej dom.

Ulubieni poeci: Jan Kochanowski i Maria Pawlikowska-Jasnorzewska.

Książka na każdą chwilę: *Mały Książę* Antoine'a de Saint-Exupéry'ego.

Motto życiowe: każdy dzień jest twoim dniem.

BOŻE NARODZENIE 2013

Klęczy człowiek
na śnieżnym dywanie

Bóg się rodzi

Łzami całuje
Przemarzniętą ziemię

Bóg się rodzi

Otula opłatkiem miłość
Odeszła na zawsze

Bóg się rodzi

Na płycie przemijania
Nie na życia stole

Bóg się rodzi

CHWILA ZADUMY
Z KOHELETEM...

*"Wszystko ma swój czas,
i jest wyznaczona godzina na
wszystkie sprawy pod niebem"...*
Ks. Koheleta 3.1

Jest czas tworzenia
i czas poszukiwania...

czas odłożonego pióra...
i trudu codziennego

czas dni radosnych...
i modlitwy rozpaczy

•

kiedy niebo zamienia
łzy na diamenty...

czas zatrzymuje się
na szczęśliwą chwilę...

czas życia
w wieczności zapisany...

CUD ISTNIENIA

malować słowem
dni powszednie
spełnione marzenia
spisywać
poezją serca

porankiem budzić
ostatnią nadzieję
wieczorem…
zmęczone myśli
do snu układać

zapraszać
do tańca życia
gwiazdy na
nieboskłonach
nieodkrytych

ubierać przyjaźnią
radości serca
zapomniane…
warto… dopóki
jesteśmy trwamy

z wszechświatem
się zatrzymać…
nad cudem istnienia
dopóki jesteśmy

      T r w a m y…

GŁOS SERCA

Podążaj za głosem serca
nawet kiedy płacze
ono prawdziwy
obraz życia namaluje

nie okłamie nie oszuka
zatańczy zaśpiewa
zasłuchane w troski
zapatrzone w Ciebie

czeka o poranku
tuli marzenia
od nadziei zielone
spogląda z zachwytem
na Twoje odbicie

dniami szczęśliwymi
mozaiki przyjaźni układa

      Twoje serce wciąż bije

ITALIA I WINO

Pamiętam
zapach Adriatyku
kołyszącego radośnie
zmęczone dni

woda otulająca ciepłem
włoskich marzeń
bujała obłoki i fale
szybsze od wiatru

dzbany czerwonego wina
dodawały skrzydeł
pieśniom o sokołach
i rzymskim uliczkom

wzrok nie mógł pojąć
Twoich cudów Italio
zamknęliśmy oczy
pozostał obraz
i smak gronowego wina
co Tobie jak chleb
powszedni przeznaczony

sierpień 2014

Ewa Brzoza-Birk

Urodzona w Warszawie. Studiowała na Uniwersytecie Warszawskim.

Finalistka Ogólnopolskiego Konkursu Poetyckiego im. Jacka Bierezina w 2006 roku. Publikowała w *Odrze, Redzie, Cegle (Spisek)* i w *Portrecie*. W roku 2009, w listopadzie, wydała tomik wierszy pt. *Krajobraz po meblach*. Recenzja zbioru wierszy ukazała się na blogach poezji oraz w warszawskiej *Gazecie Kulturalnej* i w pismach polonijnych w USA: *Nowym Dzienniku* („Polish Daily News", Bicentennial Publishing Co. Inc.), *White Eagle*. Wiersze jej można przeczytać także w antologiach *Polonia i Poezja*, wydanej w Bostonie oraz w londyńskim Off Press. Laureatka konkursów m.in. w Poznaniu, Strzelinie, Krakowie.

W latach 80. wyemigrowała z kraju, od wielu lat mieszka w Danii.

PRZESŁONA

Odeszła cicho za sobą zamykając drzwi. Udawałeś,
że nie słyszysz jak rozpadają się
motywy ze zdjęć buszujących w albumie
przez lata.
Poszła sobie – bo przez kilka nocy nie mogła zasnąć,
łkała otulona szumem laptopa, szelestem kartek
nudnej książki, która miała zabić
resztki czujności.
Szukałeś jej, śmiejąc się z rutyny
wspinania na skałki, niezawodności programów
telewizyjnych, fitnesowych ćwiczeń
i niebieskich pastylek gwarantujących
orgazm.
Już jej nie ma w kuchni, pokoju, w łóżku – umarła
zagłodzona brakiem uczuć. Nie zostawiła testamentu,
ale i tak spaliłeś nagie ciało, zatrzymane w kadrze obiektywu
z wodospadem i rozczochraną palmą
w tle.

MODLITWA

Niech kamienie ściskane w garści
wypadną, na ulicach rozdają oranżadę w proszku.
Najlepsze, co przeminęło, niech kiedyś wróci jak list
ze znaczkiem, żeby dzień, nawet podły, kończył się
śmiechem, a na krzakach zawsze
dojrzewały maliny.

Niech przemoc jak nóż utonie w wodzie, z plam krwi
wyrosną rajskie ogrody, w najdłuższą noc zakwitną batoniki
Milky Way, wtedy będziemy jeść
i pić wszyscy, w bożej kuchni świrując, jak stadko wróbli
czekające na nowe wcielenia.

Podaruj świeżo malowaną ławkę po długim biegu,
tydzień w szlafroku.
Rejs jachtem i pobłogosław codzienność: łyżki, widelec,
jesień, a na zimę
wyślij kogoś, by ujędrnił ciało, które jeśli mocno wkurzy,
zabierz, ale zostaw pamięć, niech powoli sączy
aqua z korzeni.

ECHOLOKACJA

Dogasa księżyc, po zaułkach ukrywają się
Gothita-Pokemony, miasto drga
jak wskazówki zegara na wieży
kościelnej. Zaplątani w kolorowe serpentyny
usnęli, najwytrwalsi.

Gazety obwieściły, że niewidomym
rozdano ulotki z instrukcją dotarcia do
nieba. W niektórych chmurach nie znaleziono
deszczu, za to na planie miasta za mało
chorób.

W TV efekty specjalne i animacje. Spikerka
zakrzykując dźwięk marsza żałobnego
zapewniała, że wszystko gotowe – chirurdzy
plastyczni zaostrzyli skalpele.

Na ostatniej stacji metra ktoś opowiada o ścieżkach
jawy i snu. O dalekiej planecie, gdzie delfiny
niedługo ustalą niezbędne szczegóły.
Zapytają nas: are you ready for…
are you really ready?

DOBRANOC, IWONKO

dobrze cię widzieć, pomimo trzasków i znikającego
obrazu. Skype plącze godziny snu. Chicago –
wietrzne miasto, pewnie płonie światłami, jak wtedy
gdy upadły odłamki komety von Bieli
lub krowa Ms. O'Connor kopnęła naftową lampę.

Pośród plusku fal z jeziora Michigan
i Morza Północnego pomogłaś mi usłyszeć siebie
gnana lękiem, niegotowa do kolejnej
podróży – płakałam.

Bywaj zdrowa, kochana – przez kilka lat lepiłaś
moje myśli z okruchów, kawałków,
skrawków gemüt, prosząc: uwierz
w boskie koce, które okrywają ciepłem chore
dzieciństwo.

Śpij spokojnie, igloo stopniało, świat
wypiękniał – stanęłam na obie nogi, żeby poczuć
we wszystkich zmysłach słońce, bicie serca.
Przestałam pielęgnować, jak ogród, winę
innych.

ODSŁONA

Zostań w domu, nie wychodź przed szereg
płomieni. Prawie uporałaś się z żalem
i nienawiścią, kiedy ból zamykał usta,
serce krzyczało.
Przez kilkadziesiąt lat, leżąc w ciemności,
pisałaś scenariusze, gdybyś nie była tak
kulejąca i nie przewracała
oczami, kiedy pouczali cię jak się poruszać
w ich świecie, co wtedy?

Ten, kto stał nad tobą z pasem albo pokrzykiwał
przy tablicy, niedługo odejdzie, odpocznie
w ziemi. Jak co roku zapalisz lampki
na choince,
od wspomnień mróz skuje lustro
wody. Może wybaczysz im strach, bezradność
wobec tamtych czasów, za jedno wspomnienie,
kształt niewielkiego skrawka
miłości.

ZOFIA BUKOWSKA-KASYJANOWA

Urodzona na Podhalu pisarka, publicystka, w poezji debiutowała w 1979 r. Uczestniczka konkursów poetyckich w Międzynarodowym Festiwalu Ziem Górskich w Zakopanem.

Jej artykuły ukazywały się w pismach: *Hale Dziedziny*, *Podhalanka* (Polska), *Polana* (Kanada), w Stanach Zjednoczonych w *Dzienniku Związkowym*, kwartalniku *Tatrzański Orzeł*, *Gwieździe Polarnej*, *Dzienniku Chicagowskim*, *Relaxie*, *Panoramie*, *Kurierze-Chicago*. Była redaktorką pamiętników zjazdowych Związku Podhalan w Ameryce. Redagowała również cotygodniową rubrykę „Co słychać wśród Podhalan".

Jej utwory poetyckie znajdują się w antologii podhalańskiej *Podhalańscy pisarze* pod red. Elżbiety Chodurskiej, *Antologii polskich pisarzy emigrantów* wyd. na Florydzie, w antologii *Polska nam Papieża dała* i w *Martyrologii niemieckich obozów koncentracyjnych* – wydanych w Polsce, w pierwszej antologii Zrzeszenia Literatów Polskich w Chicago oraz antologii poezji *Nie zapytam*, wydanej przez Wtorkowe Spotkania Literackie w Słupsku.

Jest ponadto autorką tomików: *Snopek życia*, *Świat moich słów*, *Legendy Podhala* i *Góralskie Boże Narodzenia*.

Zofia Bukowska-Kasyjanowa odznaczona została Złotym Krzyżem Zasługi za działalność literacką. Jest stałą uczestniczką Biesiad Poetyckich Grupy ARKA w Chicago.

ZAGUBIONY WIERSZ

Znalazłam go wtedy
Za oknem
O szyby stukał cichutko
I szeptał zabierz mnie
Bo moknę
Liście szeleściły
Na drzewach
W kwiatach
Ptaki trel wodziły
Dojrzałego lata
Pozbierałam te szepty
Szum wiatru
Dreszcz deszczu
Śpiewy ptaków
Z romantycznej recepty
Dodałam zadumę
W czas deszczowej ulewy
Wiersz
Złożyłam na papier.

METRYKA

Posiane ziarno
Tam gdzie Tatr ramiona
W Polsce
Nad Dunajca wodami
W dalekim kraju Waszyngtona
Wyrosło nowymi korzeniami.
Ludu
Coś wyrósł z nasienia
Twardych granitów i miękkości polan
Z tej siły tworzenia, którą dał twoich praojców trud
Bądź dumny ze swego pochodzenia.

UCZMY SIĘ HISTORII

Uczmy się historii
Której nam nie dano,
Pamiętajmy lata
Które zapomniano.
Pamietajmy zbrodnie,
Których by nie warto.
Pamiętajmy czyny,
Które też zatarto.
Uczmy się historii
W księgach nie spisanej.
Historii prawdziwej,
Nie zafałszowanej!
Uczmy się nie zapominać
Choćby inni chcieli.
Twardo, niecierpliwie,
By wszyscy wiedzieli.
To co nasze, polskie,
Z narodem złączone,
Które nam zabrano,
Choć krwią okupione.

MIASTO XX WIEKU

Las domów, las kominów
Szczyty wysokich wieży
A dzwony z nich nie biją,
Nie dzwonią pacierzy.
Wieże dymią
Maszyny dzwonią
Warczą wciąż warczą
Ponad człowieka skronią.
Super
Wielopiętrowe domy
Super
Mosty i drogi
Maszyny
Maszyny
Bogi.
Do końca dochodząc
Dwudziestego wieku
Człowiek zapomniał
O człowieku.

POŻEGNANIE

Ludzie żegnają się ze sobą
Ukłonem, ręki uściskiem,
Ślą pozdrowienia osobom,
Które im bliskie.
Blisko z wami bywałam
Benetto, Onellu, Glorio
Przyjaciele moi
O czarnej skórze
Kompanio zawsze mi miła,
Przez osiem godzin,
W trudzie.
Żegnam was, choć nie witałam.
Fala życia rzuca mną znowu,
Dziś raz ostatni
Na Michigan patrzę i
Jak ten rybak po czasie połowu
Odchodząc,
Miejsce to znaczę.

Maria Gałązka-Wawrzuta

O poezji Zofii Bukowskiej

Jestem z podhalańskiej ziemi
z porywających potoków
wichrów rozpędzonych...

Zacytowany fragment pochodzi z wiersza Zofii Bukowskiej, której twórczość wyróżnia się oryginalnością na tle polonijnych poczynań w dziedzinie kultury ludowej. Podobnie jak tysiące innych emigrantów rozsianych po całym świecie, a szczególnie w Ameryce Północnej, autorka przybyła do Chicago z polskiego Podhala. Posiada autentyczny rodowód góralski, o czym dobitnie świadczą dzieje Bukowskich wywodzących się z Cichego, a osiadłych od początków XX wieku w Czarnym Dunajcu.

Dzieciństwo Zofii Bukowskiej upłynęło w scenerii malowniczych górskich pejzaży. Podhale to od wieków kraina ludzi wolnych, których charaktery kształtowała twarda walka o przetrwanie. Nie było czasu na sentymenty, nie wahano się chwytać za broń, gdy szlachta zaczęła ograniczać prawa i przywileje tych wolnych ludzi. Mieszkańcy gór, począwszy od czasów króla Jana Kazimierza Wazy, wnieśli znaczny wkład w walkę o niepodległość ojczyzny. Surowa, dzika przyroda, znojny trud w celu zdobycia kawałka chleba, ukształtowały wśród rodzin góralskich zaradność, pracowitość, odwagę i hardość.

Poetka pochodzi ze znanej na Podhalu, szczególnie w okresie międzywojennym, gazdowskiej rodziny Bukowskich-Kasyjanów, zasłużonej w patriotycznym dziele. Pradziadek Kasyjan jako ochotnik legionista uczestniczył w I wojnie światowej, a ratowanie życia rodziny żydowskiego przyjaciela „Bota" przepłacił w 1939 roku własnym życiem. Dziadek Jan w okresie międzywojennym działał na rzecz Stronnictwa Ludowego, będąc współpracownikiem Wincentego Witosa.

Przed II wojną światową i w okresie powojennym pradziadek Kasyjan prowadził w Czarnym Dunajcu warsztat kowalski z uprawnieniami mistrzowskimi do nauki w tym zawodzie, wydawanym przez Izbę Rzemieślniczą w Krakowie. W odziedziczonym po pradziadku zawodzie pracował też Władysław Bukowski, posiadający także certyfikat Izby Rzemieślniczej. Oprócz tego prowadził ośmiohektarowe gospodarstwo, hodując rasowe konie i bydło. Trudnił się także profesjonalnie pszczelarstwem. W czasie ostatniej II wojny i po roku 1945 należał do Armii Krajowej, pełniąc funkcję łącznika wywiadu. Brał udział w akcjach dywersyjnych. Jedną z nich, w okolicach wsi Lasek, było ostrzeżenie i wyprowadzenie z jadącego pociągu dwóch studentów z Krakowa. Na dworcu kolejowym w Nowym Targu oczekiwało już na nich gestapo. Jednym z ocalonych młodych mężczyzn był późniejszy Ojciec Święty Jan Paweł II.

Najbardziej świetlaną postacią w życiu Bukowskiej pozostaje Władysław Bukowski-Kasyjan, którego ojcowskiej miłości, troskliwości i opieki nie dane jej było zaznać. W czasie II wojny światowej był on członkiem Armii Krajowej. Za patriotyczną działalność na rzecz wolnej Polski zapłacił najwyższą cenę. Aresztowany w 1949 roku przez NKWD i Urząd Bezpieczeństwa, zginął nie odzyskawszy wolności. Wyrastająca w atmosferze szacunku dla patriotycznych postaw swoich przodków poetka pamięta szykanowanie rodziny, zarówno przez okupanta, jak i władze komunistyczne.

Po przyjeździe do Stanów Zjednoczonych w 1976 roku Bukowska poświęca swoje zdolności twórcze i organizacyjne na rzecz Związku Podhalan w Ameryce. Piastuje wiele ważnych stanowisk, jest prezeską Koła Literacko-Dramatycznego nr 20, korespondentem Związku Podhalan w Ameryce. W latach 1981-84 wspiera akcję budowy Domu Podhalan, a od 1983 należy do grona współorganizatorów I Festiwalu „Na góralską nutę". W latach 1984-85, wraz z p. Dzierżęgą, organizuje Komitet Edukacji, komórkę oświatową przy Związku Podhalan w Ameryce. Zapraszana jest często do wąskiego jury – grona znawców folkloru podhalańskiego (słowa, pieśni, tańców, zwyczajów i obrzędów) z okazji różnych imprez kulturalnych. Szczególne zaangażowanie poetki przejawia się w jej pisarstwie, bowiem świetnie radzi sobie z językiem literackim i gwarą. Redaguje więc *Pamiętniki Zjazdów Sejmowych*, *Pierwszą* i *Drugą Księgę Pamiątkową o Młodzieży* i wiele innych o tematyce podhalańskiej. W styczniu 1999 r. ukazuje się *Księga Pamiątkowa* Koła nr 19 im. Andrzeja Ducha-Knapczyka z okazji jubileuszu 50-lecia działalności (1949-1999). Księgę redagowała Zofia Bukowska, zamieszczając w niej między innymi chronologiczny zapis wydarzeń Koła nr 19 oraz ciekawe materiały o bohaterach Ziemi Podhalańskiej, tych działających z poświęceniem w kraju i na obczyźnie. Od roku 1978 działa w Kole Literacko-Dramatycznym nr 20, której jest prezesem. Jest także prezesem Koła nr 2 Brighton Park.

Nie sposób wymienić w jednym artykule wszystkich jej dokonań pisarskich, dziesiątków artykułów, opracowań, recenzji i sprawozdań. A pozostaje przecież jeszcze cała „kraina poezji", po której Bukowska porusza się z wielką swobodą, bogactwem słownictwa, świeżością stosowanych środków stylistycznych, ciekawym sposobem wierszowania. W przenośni można twierdzić, że jest „poetką dwujęzyczną", bowiem doskonale radzi sobie z językiem literackim, jak też gwarą podhalańską. Uhonorowaniem jej samorodnej poetyki, nie wzorowanej na żadnym innym poecie, są liczne nagrody i wyróżnienia. Utwory jej zamieszczano w *Antologii Poetów w Ameryce*, *Antologii Martyrologii Oświęcimskiego Obozu Zagłady Auschwitz*, antologii *Polska nam papieża dała*. Zdobywała wyróżnienia na licznych konkursach poetyckich.

We wspomnianej *Krainie Poezji* Bukowskiej mieszczą się zbiory wierszy: *Snopek zycio* i *Świat moich snów*. Są to utwory dojrzałe, głęboko refleksyjne, pełne przemyśleń życiowych, refleksji i zadumy. Ich autentycznością, gdyż wypływają z najserdeczniejszych uczuć do ziemi przodków, do Podhala, którego nie sposób pogrążyć w zapomnieniu, jeżeli jest się z nim organicznie związanym. Jest w tym wszystkim pewien fenomen, a polega on na tym, iż Bukowska opuściła, po stracie najbliższych, rodzinne strony jako 17-letnia dziewczyna. Widocznie jednak koloryt Podhala, jego barwy wszystkich pór roku nie wyblakły ani w okresie pobytu w Krakowie, ani w Chicago. Myślę, że samotność, tęsknota za polskim krajobrazem, pragnienie kontaktu z najbliższymi – cały ten bagaż emigrancki, którego ciężar wbrew teorii grawitacji przygniata ze zwielokrotnioną siłą – jest… bardzo inspirujący.

U osób wrażliwych, wyczulonych emocjonalnie, a przy tym niewątpliwie obdarzonych talentem, nostalgia aktywizuje siły twórcze, ożywia całe pokłady drzemiących w głębi uczuć. I wtedy, wykonując przecież najróżniejsze, często niezgodne ze swymi kompetencjami prace, znajdujemy czas, aby podzielić się tym, co wypełnia nasz umysł, absorbuje pamięć, pobudza wyobraźnię. W dziwny i nierealny sposób poszum wiatru halnego spod Tatr splata się z szumem fal Jeziora Michigan, mroźność przedwiośnia podhalańskiego, splecionego z kobiercem płonących krokusów, łączy się z chłodem chicagowskiego przejścia zimy w wiosnę. A wszystko to znajdziemy w strofach wierszy Bukowskiej:

Gwizdo se wiaterek, po Chicago duje
Nikt go tak, nikt go tak jak góral nie cuje.
Duje wiater, duje pise się tornado
Hej, a u nos holny, co się sercu nado…

W miarę upływu lat emigranckiego życia rozrasta się i wzbogaca świat doświadczeń, a te z kolei, przetworzone przez pryzmat percepcji autorki, stanowią tworzywo literackie. Wierszy – najogólniej określając dokonania artystyczne – zebrała się pokaźna liczba. Ale jak każdy szlachetny kamień, aby nabrał blasku, musi zostać oszlifowany… Podobnie jest z poezją, która przez swoją ambitność i głoszone przesłanie, pretenduje do miana dobrej. Posiadaczka tych skarbów pozostaje niezmiennie dla swoich przyjaciół, znajomych, a przede wszystkim dla Braci Podhalan tą skromną, uczynną, otwartą na ludzkie troski i niedole, których los człowiekowi nie szczędzi.

Mnie przede wszystkim Bukowska kojarzy się z podmiotem lirycznym wiersza, który właśnie jej dedykował Tadeusz Staich*, „dobry duch opiekuńczy" twórców sztuki i poezji podhalańskiej.

Ulicą od Baligówki
od Orawy drogą
spieszą do Panajezuska ludzie
ulica od Rogoźnika i Ludźmierza
i pewnie i od miasta
drogą od Wróblówki i Odrowąża
wszystkimi drogami
ciągną ludzie od Dunajca
Do Czarnego

Księżyc im drogę na rynku zagrodził
I mała dziewczynka aniołek
pasterka mała
Od domostwa Cisów, Kiptów Kantorów,
Kasyjanów, Cisów
Dziewczynka i księżyc
gloryja
na czarnodunajecki stary cmentarz
prowadzą ciżbę ludzką
gloryja

Tej nocy Panjezus
tu na świat przyszedł
gloryja

---

* Tadeusz Staich (1913-1987) publicysta, literat, działacz PTTK i Związku Podhalan, redaktor czasopism związanych z Podhalem. W czasie II wojny był działaczem w polskim podziemnym ruchu kulturalnym, członkiem Armii Krajowej. Po wojnie jako mieszkaniec Zakopanego był przewodnikiem. Autor kilku zbiorów poezji i prozy, książek związanych z Tatrami, a zwłaszcza z polskim Podtatrzem. Gorący wielbiciel i propagator polskich gór.

ELŻBIETA W. CHOJNOWSKA

Urodziła się w 1964 roku. Dzieciństwo i młodość spędziła w Giełczynie k/Łomży. W Polsce studiowała pedagogikę oraz nauczanie, natomiast w Chicago zdobyła magisterium w dziedzinie psychologii ogólnej i pedagogicznej w National-Louis University.

Mając 15 lat rozpoczęła swoją przygodę pisania wierszy. Dwa lata później zadebiutowała w łomżyńskich *Kontaktach* (1982 r.), a następnie jej utwory drukowano w *Zarzewiu* (1986 r.), *Gromadzie* (1986 r.), *Radarze*, *Powiecie Słupskim* i innych publikacjach w Polsce oraz USA, między innymi w *Antologii Poezji Emigrantów, Poezji Emigrantów, Janowi Pawłowi II Chicagowscy Poeci, Powrotach, Zagraj nam skrzypeczku, Płomieniu deszczu, Nie zapytam, Kontrze, Polish News, Panoramie, Dzienniku Związkowym, Kurierze Codziennym, Nowym Dzienniku, Gwieździe Polarnej* i *Monitorze*. Jej poezja była recytowana w wielu rozgłośniach radiowych w Polsce oraz USA.

W 1985 roku wydała tomik wierszy pt. *Chciałabym powiedzieć*, a w 2007 roku polsko-angielski tomik wierszy *Mozaika – Mosaic*. Należała do Klubu Młodego Literata w Łomży, Krajowego Klubu Twórców Kultury „Scena Ludowa" w Krakowie oraz do Zrzeszenia Literatów Polskich im. Jana Pawła II w Chicago, w pierwszych trzech latach jego działalności. Jest współzałożycielką Grupy Poetyckiej ARKA, w ramach której prowadzi comiesięczne Biesiady Poetyckie oraz redaguje rubrykę pt. „Grupa Poetycka ARKA prezentuje".

Jest laureatką konkursów poetyckich w Polsce i USA, a także organizatorką warsztatów poetyckich i założycielką „Poetry Club" dla amerykańskiej młodzieży.

POWRÓT II

Kiedy znów powrócę
Będę po trawie chodzić boso
Pójdę dalej krętą drogą
Na wzgórze
Stamtąd wyraźnie widać
Las i stare tory
Odszukam odeszłe pociągi
Policzę wagony
Porównam czas
Zgodny z rozkładem jazdy
....
Siedzę na kamieniu – czekam…
Minęła godzina 7.27, 8.35, 10.28…
Po torach biegnie Chudy – mój stary pies
Wiatr suchą ziemię z pól przegania
Zasypuje zardzewiałe szyny
Nie ma pociągów do Łomży
Nie jeżdżą też do Warszawy
Droga do stacji PKP Koziki
Krzewami zarosła

Siedzę uparcie
Na wielkim historycznym kamieniu
I pytam
Czy wiosną w stawie przy torach
Pływają te same boskie łabędzie
ONA i ON.

Chicago 2015

PAMIĘTAM

Liście wtopione w szybę grudniowym mrozem
Powiększały szare przemówienie
Generała w ciemnych okularach

....
Niewytłumaczalny strach
Może zaczną od nas – od wschodu

....
Pamiętam zamknięte szkolne drzwi
Kontrolne bramy przy wjeździe do miasta

Bali się nas – prostych i sprawiedliwych
Mocy ulotek zawiniętych w kanapkach
I prawdy większej niż broń milicjanta

Pamiętam głośne pacierze ojca w ciemnym pokoju
Łzy matki o kształtach zamkniętych sklepów
Braku chleba i cukru nawet dla dzieci

Wśród najciemniejszych gwiazd godziny policyjnej
Słuchaliśmy zagłuszanego radia Wolnej Europy
Za co groził niewiadomy wyrok

Pamiętam długo brzmiące słowa: stan wojenny…
Strajki… internowani… stoczniowcy walczą na ulicach…
....
„Janek Wiśniewski padł" niesiony na wyłamanych drzwiach
W żałobnej procesji w marszu naprzeciw czołgom
Pomnażał naszą wiarę o sprawiedliwą Polskę

Te dni dłuższe niż zima krwią rozpuściły śnieg
I popłynęły w Europę

Chicago 2012

PRZESŁANIE

Na cudzych ulicach
Norwid we łzach
Roztopił czterolistną koniczynę
Pisał

Ślepo wczytana
W utopijne wzruszenia
Nie słuchałam rozdartego poety
A on o tęsknocie krzyczał
Nie rozumiałam jego wyznań
Na łomżyńskich pagórkach
Nie było nostalgii

A tutaj wiatr wyrywa dym z komina
Sufit przytula mnie po nocach
Sny rysują zapach śpiącej lipy
Na szybach wspomnień
Szczęśliwe słońce
Rozpala georginie
Pod oknem

Teraz Norwida słowa
Uderzają w dzwony ojczyzny
Coraz mocniej je słyszę
Płoną moją emigrancką duszą
Kto „tęsknotę do kruszyny chleba"
Nad Narwią zrozumie
I wysłucha rozżalone
Biało-czerwone perły

Chicago 2011

MILCZENIE

Na przedramieniu nosił
Niezniszczalny bagaż
Historię ukrytą w numerze
Którego każda wypalona cyfra
Pamiętała swój ból…
Milczał…
I nigdy nie zapomniał
Koszuli z ciętymi ranami
Po przesłuchaniu
Bliskości śmierci
Cyklonu B
Obozowego szpitala
Strachu na placu apelowym
Jako jeden z wielu
W biało-niebieskich pasiakach
Spłacał rachunek za walkę o Polskę
Mój Wujek
Aleksander Świderski…
Więzień pięciu obozów koncentracyjnych

MARZENIE CHŁOPCA

długie włosy zasłaniają moje oczy
    nie zobaczysz ich pragnień
długie włosy zasłaniają moje usta
    nie usłyszysz bólu zduszonych słów
długie włosy zasłaniają moją twarz
    nie zobaczysz wstydu

na koniec każdego dnia z białą szkolną koszulką
    piorę marzenia aby nie bolały

we śnie zjadam zupę
    nie mogę być głodny rano

gdy na stół spadają te same od lat matki słowa
    „może dziś znajdę pracę
        i wezmę cię synku do fryzjera
            nie będziesz synku więcej się chował"

chciałbym krzyczeć
albo uwierzyć

Chicago 2014

Halina Cieślik

Z domu Wiercińska, urodzona 22 sierpnia 1956 r., córka Adama i Marianny Wiercińskich.

Często wracała myślami i w poezji do rodzinnych stron. Do Gór Świętokrzyskich, duranowskich łąk i bałtowskich lasów.

Poezję kochała od zawsze. Edukację rozpoczęła w jednej z najlepszych szkół średnich w województwie świętokrzyskim, w Liceum Pedagogicznym w Ćmielowie. Kontynuowała na Uniwersytecie Opolskim, otrzymując tytuł magistra pedagogiki wczesnoszkolnej i kolejno tytuł magistra filozofii oraz magistra etyki i religioznawstwa. Przez ponad trzydzieści pięć lat zarządzała placówką oświatową i jednocześnie uczyła w niej. Uwielbiała pracę z ludźmi, z dziećmi. Nieoceniona mama dwóch córek: Marleny i Natalii i jeszcze wspanialsza babcia dla wnuka Nathana. Była niespotykaną osobą o wyjątkowej wyobraźni. Kochała muzykę, śpiew, często rysowała. Z zapałem oglądała polskie filmy, kabarety. Zawsze uśmiechnięta. Jej łagodne usposobienie sprawiało, że z łatwością zjednywała sobie ludzi. Zawsze i wszędzie była duszą towarzystwa. Była osobą o silnym charakterze, nie poddawała się bez walki. Była oparciem i wzorem nie tylko dla swoich córek, ale i dla wielu innych osób. W Chicago zaczęła brać udział w spotkaniach Grupy Poetyckiej ARKA. Zaczęła pisać nie tylko do szuflady. Poezja towarzyszyła jej wszędzie.

Halina była wyjątkową osobą, lubianą przez wszystkich.

Zmarła 10 listopada 2016 r. po heroicznej walce z chorobą. Pozostawiła pogrążoną w smutku rodzinę i przyjaciół.

PARASOL

Stoi w kącie
Zawsze tam stał
Jak peryskop na wodach mojego domu
Uchwyt z kości słoniowej
Świadek dni minionych
Radości
Wylewającej się drzwiami i oknami
Smutku
Rozpaczy
Bólu
W czterech ścianach sięgającego przestworzy
Słyszał słowa miłości
Ciepłe słodkie jak plaster miodu
Słowa ostre przecinające serce jak błysk pioruna
Zgwałcony komunizm
Nieskonsumowana politycznie Solidarność
Zakłamany Okrągły Stół
Cisza...
Dom opustoszał
Wszystko zbędne wyrzucone
Czasem ktoś zajrzy przewietrzy
Spojrzy na parasol
A wtedy?
Wszystko co minęło
Powraca

KRZYŻ

Pamięci Arka Chuchały

Stary
Drewniany
Pochylony
Jakby podglądał życie wsi
Wita i żegna tych co żyli
Gośćmi na chwilę byli tu
Ostatnia droga
Wokół swoi
Przychodzi cała wieś
Szanują wolę Boga
Ale nie wtedy
Gdy żegnać trzeba
Nierozwinięty kwiatu pąk
Wtedy pokora wobec Boga
Jakby malała
Nie było jej
Płacze rodzina
Płaczą sąsiedzi
Płacze cała wieś
Dlaczego teraz?
Dlaczego Boże?
Dlaczego właśnie on?
Świat taki piękny
Stał otworem w zasięgu jego rąk
Pytania bez odpowiedzi
Ludzkość w niemocy pod krzyżem tkwi
W Bogu jest władza
W Bogu siła
Człowiek nie może nic

TĘSKNOTA

Kołyszą się brzozy na wietrze
Szczupłe wysokie
Jak kobiety z rozpuszczonymi włosami
Przytulają się
Wyginają
By nie zmącić ciszy dokoła
Szepczą
Jak tu pięknie
Spokojnie
Ludzie skromni szczęśliwi
Nie chcą wiedzieć
O biedzie
Polityce
Wojnie
To malutki Duranów
Na końcu wielkiego świata
Tam żyłam
Kochałam
Wracałam
Każdego lata
Teraz jestem w Chicago
Między chmur drapaczami
Sercem wracam codziennie
Na Duranów kochany

EMIGRANT

Idź!
Nie wahaj się
Przegoń zwątpienie
Kompasem życia
Wyznacz azymut
Idź!
Idź przed siebie
Marzenia do serca włóż
Wspomnienia dobre i złe
Zapakuj
Zaklej
Wyślij na Poste Restante
Idź!
Nie oglądaj się
Omijaj ścieżki pokręcone
Unikaj polnych zarośniętych dróg
Znajdź swoją autostradę
A dalej poprowadzi Bóg
Daleko od ziemi swej
Nie zawrócisz
To będzie wędrówki kres

KOCHANEK

Przyszedł nocą
Nieproszony
Bez pukania wlazł
Rozgościł się w środku
Na kilka długich lat
Serce otworzyło drzwi
Nikogo nie pytało
Mózg przeoczył gościa w nocy
Zbudził się nad ranem
Bił głową
O mur domu
Chciał zapobiec
Czemuś
Komuś
Z góry wiedział
Co tam w sercu się dzieje
Rozplątywał ręce nogi
Chciał rozerwać serca dwa
Ale na nic to się zdało
Połączeni w jedno ciało
Do białego dnia
Nie wiedzieli że minęło
Parę ładnych dat
Nagle wyszedł
Zamknął serca drzwi
A zatrząsnął je tak mocno
Że już nikt ich nie otworzył

Leonard Gogiel

Poeta, urodzony 28 lipca 1938 roku w Birżach na Litwie. Zmarł 11 kwietnia 2015 roku w Chicago. Bliższych danych biograficznych brak.

SŁOŃCE W GRUDNIU

Ostatni promień zachodu
Aksamitną falą ciepła
Uderza w jaskinie grot Xtabi na cyplu Negril

Noc zapada upalna
Skaczą po drzewach jaszczurki
Grona bananów zwisają
W piach pustej plaży
Kraby się zaryły
Z nieba zwisają dojrzałe grona gwiazd

Co za grudzień
O nie
To nie jest to z tamtej ojczyzny

Upał grudniowy
Serce mi pali
Błyskiem odbłyskiem odgłosem
Tamtych groźnych grudniów
Z dalekich mroźnych stron

Jamajko
Kamieniu drogi
Z Karaibów cudownych głębin
Pozostań na parę chwil
Trzecią moją lub czwartą ojczyzną

Zanim uderzy we mnie
Przygniecie mnie
Jakiś mroźny okrutny styczeń
Jak nie będę miał gdzie wrócić
Przyjdę do ciebie Jamajko

Przytulisz pielgrzyma z mroźnych krain
Promieniem ciepłym
Grudniowego swojego słońca

14 listopada 2012

PRZEMIJANIE

Życie moje
Ekspres ku nieistnieniu
Rodzice dali bilet w jedną stronę
Mknie tętni pędzi, leci szalony
Sekundy na wagę złota

Przemijać nie chcę
Wracać nie mogę
Mijać pragnę
Wciąż tylko mijać
Mijać ojczyzny moje
Dawne i te przybrane
Litwa Kaszuby wyspa słoneczna
Zatrzymaj się czarnulki krzyczą
Stop come here sou English
Pokochamy za paręset dżejów

Nie odwracam się lecę i lecę
Na plecach ciąży ten bagaż
Klepsydra pod pachą ile jeszcze
Ziarenek tam pozostało
Niespełnione miłości
Niedokonane czyny zbrodnie niedopełnione
Raj utracony

Epoki mijam imperia mocarstwa
I wciąż mi nie jest dosyć

Zawołam do Tego, kto mnie stworzył
Za mało Boże za mało
Nie zdążyłem zrobić co chciałem
Nawet pokochać naprawdę
Pozwól Boże powtórzyć
Zobaczysz lepszy będę
Jednego życia za mało

KU WIOŚNIE

Ku wiośnie
Wiosłuję
Przez zimę której nie było
Wiosła ma
Połamane
Skrzydła są podcięte

Rozbitek ja nędzny
Titanic mój dawno zatonął
Ikar jestem niedoszły
Co chciał się rwać ku słońcu

Wiosłuję przez oceany
Ku brzegom starych ojczyzn

W głębiach drzemie zamek
Z jantaru rozbity
Strzegą go wajdelotki
Jak mam do niego dotrzeć

Jantar
Gintar*

Morze dalekie Bałtów
Jura**
Jurata

Już tam hen
Biją dzwony

Dzwony Wilna
W przedwiośnie
Na Kaziuka

22 lutego 2013

---

*   Gintar (właściwie gintaras – lit.) – bursztyn
**   Jūra (lit.) – morze

WIOSNA 2013

Wiosno
Nie bądź okrutna
Wybuchaj zielenią parków
Na gałęziach drzew pączkami
Nie pociskiem bombą szrapnelem

Bieg ku tobie wiosno
Nie maraton bostoński
Z wybuchami petard
Gdy asfalt krwią się czerwieni
Nie płótnem pierwszomajowym

Wiosno
Nie dręcz ludzi
Ulewami piorunem powodzią
Nie zalewaj ściekami z kanałów
Jeziora co nie jest Bałtykiem
Kraju co nie jest rajem
Ziemi nieobiecanej

Wiosno
Bądź ludzka
Wiosną bądź ludów
Sztandarami wolności
Planetę owiń błękitną
Kraje duże i małe
Rosję
Czeczenię
Dagestan
Królestwo Wuja o koźlej brodzie

Wiosno
Nie bądź drutem kolczastym
Co duszę ściska przebija serce męczonych
Drutem
Bazy
Guantanamo

24 kwietnia 2013

HIBERNATION

Ja niedźwiedź
Z puszcz litewskich
Z matecznika wyszedłszy
Idę zimy szukać
Śnieżnej takiej głębokiej
Niejadłszy niepiwszy
W zaspach ogromnych muszę się przespać

Styczeń dwutysięczny trzynasty
W grodzie ponurym gangsterów
Darmo szukać bieli
Zieleń parków płowieje
Wiewiórki szare drapią się na drzewa czarne

Trzeba w śnieg uwierzyć –
Powiedziałby Leśmian
Ja bym śniegi te widział we śnie
Ja twój łosik krnąbrny Ojczyzno daleka stracona
Z Akademii Smorgońskiej niedouk
Zapomniawszy jak trzeba tańczyć
Po żmudzku

Gdzie knieje me rodzime
Matecznik mój Puszcza Bieżańska
Gdzie styczeń tamten biały
Ksiądz Mackiewicz chłopów prowadził do boju
Przestworza bielusieńkie aż po Sybir
Śnieg biały serca były czerwone
Nie te kolory Ojczyzno już nie państwowe twoje

Chce łosik w sen głęboki zapaść
Warczy tak srogo mową niepaństwową

Nie budźcie mnie ludzie
W szarym obcym kraju
Ja we śnie szukam śniegu
Ja śpię ja śpię
Asz miegu

9 lutego 2013

Katarzyna Jabłonowska

Urodzona w 1968 roku w Drohiczynie. Od 1996 roku przebywa na emigracji w USA.

Zafascynowana pięknem natury człowieka, wolno odkrywa zakamarki jego duszy, głęboko analizując każdy jej aspekt.

Zakochana w sztuce, w pełni poświęca jej swój wolny czas – pisze, maluje, fotografuje.

Na poważnie z poezją związała się niedawno, co zaowocowało tomikiem wierszy *Z róż przekwitłych*.

Obecnie bierze czynny udział w spotkaniach grup poetyckich, gdzie prezentuje własną twórczość, z uwagą śledząc pracę innych poetów.

DOM

Mawiają
że dom jest tam
gdzie miłość.

Jadali przy jednym stole
ale każdy o innej porze.

Prowadził ich wspólny cel
lecz zawsze różnymi drogami.

Dom
– figura geometryczna
wypełniona tysiącem innych
z których każda ma własną historię
– przystań nadziei
na wzburzonym oceanie życia.

Odpłynął już ostatni żaglowiec
a Ona
ciągle liczy mewy.

NIEWIDOMA

Tęsknię!
Za obrazem którego nigdy nie ujrzę
choć wypełniasz mi wszystkie dni
znasz moje najskrytsze sny
Jesteś przy mnie
Tęsknię!
Ludzie marzą o dalekich podróżach
o zielonych wyspach i wzgórzach
nazywają to szczęściem – a ja
Tęsknię!
By choć raz jeden nie uczyć się Ciebie
by za dnia podziwiać obłoki na niebie
nocą gwiazdy liczyć.
Chciałabym!
Namalować kwiaty i motyle
widzieć świat kolorowy
choć przez krótką chwilę
Tęsknię!
Za czymś czego opisać nie mogę
chciałbym lecz nie potrafię
kiedy w progi już Twoje trafię
Boże!
czy pokażesz mi
to wszystko
za czym tęsknię?

MIŁOSNE TĘSKNOTY

Tak chciałabym mieć Cię dla siebie
jak noc ma gwiazdy na niebie
jak słońce promienie gorące
jak góry potoki rwące.

Cis ma igły zielone
ocean wody słone
Pan Bóg Aniołów w niebie
i tylko ja nie mam Ciebie.

Me myśli w dzikim amoku
szaleją jak wody potoku
jak igły cisu zielone
i czuję w oczach łzy słone.

Może poproszę Anioła
to mi Ciebie zawoła
i w cieple Twych ramion zasnę
i będziesz mą Gwiazdą na zawsze.

HIPOKRYZJA

Degenerat
tak o Nim mówiono
nie wiem czemu bo nie pił zbyt wiele
spacerował pod nocy osłoną
czasem tylko rankiem
w niedzielę.

Nie smakował życia garściami
brał to tylko co Mu darowało
kiedy inni żyli marzeniami
na marzenia Mu sił nie starczało.

Degenerat
tak o Nim mówiono
przeganiano jak stęchłe powietrze
lecz gdy nagle budynek zapłonął
zaprószonym ogniem na wietrze
On był pierwszy.

Śmiało w ogień wkroczył
wyniósł dzieci śpiącą matkę zbudził
lecz dopiero ból pierwszy poczuł
kiedy stanął twarzą do ludzi.

To Bohater
dziś się o Nim mówi
zawsze nosił serce na dłoni
hipokryzji trudno odmówić
lecz przeszłości nic nie przysłoni.

Bo bohater
to nie płeć człowieka
to nie zawód ani przeznaczenie
to ta prosta miłość co urzeka
i odwaga co w człowieku drzemie.

DLA MATKI

Tęsknię za Tobą Mamo
z Tobą nigdy nie jest tak samo
czasem smutek Ci oczy przysłoni
innym razem w życia pogoni
zgubisz siebie.

Wczoraj znowu byłam u Ciebie
z bukietem polnych kwiatów
to nic że tylko myślami
między nami jest więź
niewidzialna.

Kocham Cię Mamo
kiedy wstajesz rano
zaparzyć herbatę
dawniej budziłaś tatę
dziś sama jesz śniadanie.

A każde nasze spotkanie
jest ukojeniem dla duszy
do łez potrafi wzruszyć
bo wiesz
mówi mi, że żyjesz
że będziesz z nami
jeszcze chwilę może dwie.

Odnajdę Cię wszędzie
pamiętaj o tym
bo Ty na kłopoty
balsamem mi byłaś
wszystkim w co wierzyłam
i w co Ty wierzyłaś.

Dziękuję Ci Mamo
szczęśliwa
że dano nam siebie.

GRAŻYNA JACHYMIAK

Urodziła się w 1954 roku w Nisku w województwie rzeszowskim. Dzieciństwo i młodość spędziła w Nowym Targu. Zafascynowanie Podhalem pozostało w niej na zawsze, podobnie jak miłość do Krakowa, gdzie studiowała, a następnie pracowała. Z wykształcenia fizyk, z zamiłowania podróżnik, interesuje się psychologią.

Wyemigrowała do Stanów Zjednoczonych gnana potrzebą chwili, która szybko rozrosła się, wzbogacając ją przy tym w nowe doświadczenia, nowe widzenie świata i ludzi.

Tu też urodził się jej jedyny syn.

Do pisania powróciła w zwrotnym momencie swego życia, odważnie ukazując swoje głęboko skrywane dotąd Ja.

Poezja jest dla niej uzewnętrznieniem uczuć, stąd też czytanie czyjegoś wiersza to patrzenie twórcom w oczy, odkrywanie fragmentów ich duszy.

TO CO MOGŁO SIĘ ZDARZYĆ

To co mogło się zdarzyć
jednak się nie zdarzyło
czy to miała być przyjaźń
czy to wielka już miłość.

Byłam przecież w pół drogi
wyciągnęłam już ręce
chciałam Ciebie zatrzymać
nie prosiłam o więcej.

Zawstydzony zabrałeś
swoje wiersze i nuty
by mi tylko powiedzieć
że nadzieja jest moja.

Twój telefon jest głuchy.

MATKI PŁACZĄ

Matki płaczą
wszędzie tak samo
za utraconym dzieckiem

nieważna jest przyczyna
choroba
wypadek
czy wojna

łzy matek
zawsze takie same
gorzkie
rozpaczliwe
nie do ukojenia

jeżeli jesteś matką
wtedy rozumiesz
i czujesz ten ból
i rozpacz
przez konlec
własnego życia
które dałaś

NIE

Nie zakocham się
w Tobie już więcej
dwa razy wystarczy
ile można rozpaczać
gubić się w domysłach
nie rozumieć

Ta pierwsza
przyszła wiosną mojego życia
wplotła się w naszą młodość
jak wstążki w moje warkocze
nie doceniłeś tego daru
zniszczyłeś

Druga nas zaskoczyła
przeląkłeś się jej
że nie udźwigniesz
że za wielka na Twe serce
oddałeś mi ją w pośpiechu
z poczuciem winy w oczach

Wydawało mi się
zbyt dużo mi się wydawało
to nie była już nasza miłość
lecz powtórka naszych
młodzieńczych błędów

Teraz wiem
choćbym chciała
już nigdy
nie zakocham się w Tobie
uodporniłam się
na miłość
na miłość do Ciebie

TWÓJ TOMIK

Czytam Twój tomik
wiersze
docierają do mnie
swoją prostotą
są moją nostalgią
i moim bólem
gdybym umiała
napisałabym tak samo

zastanawiam się
kim Ty naprawdę jesteś
co lubisz
jak niszczą Cię
rozpacze kary i winy
jakie miałeś
dzieciństwo i młodość
kto był twoją sympatią w szkole
czy lubisz grać tylko Stachurę
co czytałbyś na bezludnej wyspie
czy umiesz żartować z siebie
kogo kochasz
a kogo tylko szanujesz

wpatruję się
w zdjęcie na okładce
i pytam
czy pozwolisz mi
poznać tego
który pisze moje wiersze
czy pozwolisz mi
poznać siebie

WIDZĘ CIEBIE

Widzę Ciebie
z gitarą w ręku
w modnych jeansach
z afro na głowie
w szwedzkim swetrze
bo już jesień
wędrujesz po Krakowie

Widzę Ciebie
jak pomagasz ojcu
w pocie czoła
bez koszuli
opalony
zapamiętujesz
zapach skoszonych traw

Widzę Ciebie
w majowy dzień
na tej łące boso
jak tańczysz
całym sobą w deszczu
swój taniec wolności

Widzę Ciebie
nad jeziorem Michigan
o zmierzchu
stoisz wpatrzony w horyzont
grasz i śpiewasz
„Zegarmistrz światła purpurowy"
niesie się echem
aż do mnie

Widzę Ciebie
znowu we śnie

ADAM JAKUBOWSKI

Urodził się w Szczecinie. W wieku 40 lat wyjechał z Polski i rozpoczął nowe trzeźwe życie na emigracji w Ameryce. Pracuje jako kierowca długodystansowy. Wiersze zaczął pisać jako autoterapię.

Poezja, jak twierdzi, przynosi mu wewnętrzny spokój i zadowolenie.

ATROFIE

Nie lubię Cię
mój adwersarzu
nie jesteś w aurze
Ogrody Twoje obce
marznę latem
To było wczoraj
      pamiętam
Z jesienią wywiało zieleń
liśćmi obumarła
Słów nieobojętnych
      tak mało

UNIESIENIA

Złożonych rąk posępna zaduma
Z bruzd
owe kształty zwięzłe
Pośrodku ciszy skupionej
    łowię
    szept
zmierzający zamrzeć
    Bogowie
Otwartych ramion
    cień
sam ze sobą
Powietrze tkane
smugami z witraży
    organoleptycznie
w strzelistość wchodzę
karmiony strawą
    ołtarzy

* * *

Przestrzeń wypełniona smutkiem
Od krańców odległych do ich początków
Poprzerywana detalami
ubranymi kolorowo
Smak czasu zgorzkniały sobą
błądzi bezsensownie pomiędzy klatkami
sfiksowanymi
na przeszłym niedokonanym

OPIS (KLINICZNY) PRZYPADKU

Alergicznie indywidualistyczny
Eksploduje anarchicznie
Niekontrolowanym wybuchem
Atomizując rzeczywistość
Aberracja niewiadomej
Powiększonej
Do potęgi entej
Kosmos mnie wchłania
Rozpraszając mrok
Aktywizując się
W wielkościach urojonych
Docieram do sedna

Między obłoki
Kładę dłonie obie
Skłon nieba
Tulę
Wniebowzięty
I ponad czasem
W niebyt ujęty
Wracam
Gdzie byłem
Poczęty

* * *

Antypody
Zepsutych słów
Zegary zapomnienia
Zakodowane
W stałość niezmienną
Obumierają
Skłócone ze sobą
Na antypodach zapomnienia
Lingwistyka
W powodzi słów
Wychowany
Nowej mowy
Nie mógł uwierzyć
Że na innych kontynentach
Tak samokrytyką ryczą krowy
Z zaćmy
Popołudniami
Wieczorem też
Smugi na ścianach
W mym sercu też
Wyjaskrawione
Cienie struchlałe
Wypełzłe zza słońca
Zmurszałe całe
Efekt motyla
Nakręcając się
Infekował czasoprzestrzeń
Denominując
Stałą zmienną chaosu
Głos Pana
Ciskającego gromy
Przywoływał świat do porządku
Motyle szły spać

Krystyna Kowal

Urodziła się w Polsce, w listopadzie 1963 r. Z wykształcenia jest analitykiem medycznym. Kielce to jej rodzinne miasto. W 2005 roku wyemigrowała z rodziną do Stanów Zjednoczonych i zamieszkała w Chicago. Poezją zainteresowała się w latach swojej młodości. Zawsze czuła fascynację ideą miłości i podróży, szukając natchnienia twórczego w otaczającym ją świecie. Jej wiersze, przepojone miłością i radością życia, znalazły uznanie na licznych klubowych odczytach poetów chicagowskich. Z przyrody, która ją otacza, czerpie fascynacje i wyobrażenia twórcze. Interesują ją muzyka i teatr. Fotografia w podróży jest jej drugą pasją. Uwiecznia różne momenty życia własnego i swoich bliskich, robiąc „kalendarze wspomnień". Jej życiowe motto to wiara w potęgę miłości, która wyzwala pozytywną energię życia oraz daje siłę i moc diamentu. „W źrenicy oka oglądasz swoje wspomnienia w oku zostały twoje marzenia mrugnięcie powieki odsłania kolejne lata, które minęły...".

Krystyna Kowal od dekady mieszka w Chicago, pracuje tu i tworzy. Swój debiutancki tomik poezji *Kolor miłości*, na który złożyły się wiersze pisane od wczesnej młodości, wydała w styczniu 2016 roku. *Kochanka poezji* to druga książka autorki, zawierająca utwory, które napisała już w Stanach Zjednoczonych. Swój dorobek poetycki Krystyna Kowal prezentuje szerszemu gronu odbiorców na spotkaniach literackich w Chicago.

DIAMENT

Gdy tęsknię za tobą – moje myśli
Spacerują po złotych piaskach nagrzanej plaży.
Żar sprawia nam przyjemność.
Wiatr pieści ciała, dotyka spokojnie.
Wyzwala pożądanie.
Słyszę twój szept, oddech na ramieniu.
Drażnisz płatek mego ucha.
Pragnę pieszczot...
Rytm kołyszących się fal oceanu
Zagrzewać nas będzie do miłości.
Nagie stopy można sobie poparzyć
A i tak brniemy dalej...
Przesuwasz swój wzrok
W najdalsze – niezdobyte miejsca,
Przytrzymaj mnie mocniej,
Potrafię zaczarować tę chwilę.
To ten moment...
Diament oszlifowany.
Trwa w nas.
Wschód słońca obudzi dla nas kolejny dzień...

KIŚĆ WINOGRON

Słowa ostre jak sztylet
Trudne do zrozumienia
Ranią dogłębnie.
Czynią spustoszenie.
Potok dotkliwych słów
Przeplata drobiazgowość
Wymyślonych zdarzeń
Owianych kłamstwem.
To nie tak miało być.
Inaczej.
Jak? Oto pytanie.
A odpowiedź?
Rozwesel serce.
Poczuj opuszkami palców gładkość skóry.
Dotyk zaprosi cię na ucztę królewską.
Delikatnie kosztować będziesz
Smak poezji ciała
Jak wina z najlepszej winnicy.
Doznając radości podniebienia
Zapamiętasz
I pragnąć będziesz
Więcej i więcej.
Miłość ma smak
Dobrego winogrona.
Trzeba ją czuć każdego dnia.
Smakować esencję
Aromat i słodycz.
Kochaj – dowiesz się o czym mówię.

POŻEGNALNY ZACHÓD SŁOŃCA

Jestem dla ciebie wspomnieniem
Niespełnionym marzeniem.
Pamiętam ten
Sentymentalny spacer.
W głowach naszych
Magiczna melodia brzmiała jedna.
Powiesz mi znowu
Kochaj mnie.
Chcę powiedzieć to samo
Lecz szybujący wiatr
Rozwiewa każde słowo i nadzieję
Tańcząc pod błękitnym niebem.
Trzymałeś mnie w ramionach.
Twój dotyk wywierał emocje
Przechodzące w ukryte pragnienia.
Chciałam je czuć
Jeszcze długo
Gdy odejdziesz.
Gdy ciebie przy mnie już nie będzie
Delikatny pocałunek
Owiany wiatrem
Przy zachodzie słońca
Subtelne dotknięcie warg
Na pożegnanie
Trwale odcisnęło tęsknotę
Pozostawiając ją
Na moich ustach.

SZALEM OTULENI

Ciepłym szalem otulają swą szyję kochankowie.
W chłody jesieni deszczowej.
Krople deszczu na liściach
Wyglądają jakby mrugały okiem.
Szepczą cicho o jesiennej nostalgii,
Która szerokim ramieniem otula krzaki.
Na leśne runo żołędzie spadają...
Sarny biegną ku słonecznej polanie,
Gdzie zakochani
Głowy na trawie położyli nabrzmiałe
W niebo patrzyli
Jak chmury kształty zmieniają...
Oczarowani jesienną pogodą
Całowali swe usta namiętnie.
Słońce za siebie chowali
Ogrzane sercem i miłością swoją.
Pragnęli dogonić myśl
O czasie, który szeroko nam zagląda w oczy.
Jak go w swe ręce chwycić?
Pozwól mu wejść w swoją duszę,
By radość wniósł w porze roku
Tak bliskiej mroku.
Dzień już krótszy
O tej porze roku...

W PRZYDOMOWYM OGRODZIE

Wiatr rozkołysał drzewa i kwiaty
W przydomowym ogrodzie.
Poruszał nimi, a one w rytm tańczyły.
Wyginały się subtelnie i wiotko.
Te na dole w klombie kładły się, dotykając ziemi.
Kolorowe barwy jesieni już przybrały.
Pokazywały wdzięczność i subtelność.
Radowały serce.
Dostarczały zachwytu latającym pszczołom.
Kolorowe motyle brały udział w tych tańcach.
Skrzydełka szeroko swe barwne rozchylały.
Czarowały swym urokiem.
Wszystko w słońcu się złociło
Jak na królewskiej uczcie.
Chciało zaistnieć
Zanim deszcz zmyje kolor z ich kosztownych sukien.
Przyćmi ich blask
Barwą brunatno-szaro-burą
Kradnąc ich dostojność.
Rozkruszy chłodem zimy.
Puch biały je przyprószy.
Otuli nagość drzew i krzewów.
Będziemy czekać całą zimę
Na wiosnę.
Ożywi dusze kwiatów
W przydomowym ogrodzie.

BARBARA MADEJA

Urodziła się w grudniu 1949 roku w Mielcu.

Po skończeniu studiów na Akademii Górniczo-Hutniczej na Wydziale Inżynierii Materiałowej o specjalizacji Materiały Budowlane pozostała w Krakowie.

Do USA przyjechała w 1983 roku. W 1987 roku zaczęła się jej przygoda z lalkami. Pierwszą swoją lalkę wyrzeźbiła w 1989 roku. Potem zauważona przez The Ashton-Drake Gallery związała się z nimi umową. Rzeźbione przez nią lalki zostały dopuszczone do masowej produkcji i sprzedane w liczbie 60 000 sztuk na całym świecie.

To były, jak twierdzi, najpiękniejsze lata jej życia, bo robiła to, co kochała. Z powodu braku zabezpieczenia finansowego zaprzestała rzeźbić, ponieważ jako hobby było to bardzo kosztowne. Po ciężkiej chorobie wróciła do pisania wierszy, bo przynosi jej to wielkie ukojenie. Wiersze zaczęła pisać będąc na studiach.

Mieszka w Round Lake Beach w stanie Illinois.

* * *

Byłaś i już cię nie ma.
Niedościgła chwilo.
Uciekasz jak spłoszona mysz w zakamarki.
Dużo jest w życiu chwil szczęścia, smutku i rozpaczy.
I nieważne, których było więcej.
Najważniejsze, że byłaś przez chwilę.

* * *

Sztuka ma tyle dziedzin ile kolory odcieni.
Błądzę w niej po omacku i szukam drogi natchnienia.
Wsłuchuję się w muzykę ciszy,
pomysły kłębią się w głowie.
Ile czasu zostało, czy zdążę?
A może moje próby są otarciem o sztukę?

* * *

Okropny rok walki nadziei z rozpaczą.
Walczą na śmierć i życie.
Nadzieja zwycięża.
A ja, zamieniam się w obłok wdzięczności,
by jak obłok być blisko Boga
I dziękuję, dziękuję...

***

Kocham przyrodę, a szczególnie drzewa.
Smutno mi gdy moja brzoza traci liście w środku lata.
Pamiętam jedno drzewo, Pannę Młodą,
Kwitła pięknie i miała najsłodsze wiśnie na świecie.
Umarła. Drzewa umierają jak ludzie.
To było dawno temu.
Dom rodziców sprzedany,
a po Pannie Młodej nie pozostał nawet cień.

* * *

Ten cud natury powstał przed wiekami
i jest zaprzeczeniem przemijania czasu.
Kotara wody w kształcie podkowy
jak potargane firanki na wietrze szumiące i opowiadające.
Energia z Niagary wypływa, a widok ludzi zachwyca.
Wilgotne powietrze orzeźwia i obiecuje piękną tęczę.
Jest tęcza – spektakl zakończony,
lecz jutro będzie następny!

Stefania Stanisława Murawska

Urodzona w stolicy Wielkopolski w Poznaniu. Z wykształcenia dekorator.

Swoją młodość związała z Gorzowem Wielkopolskim, jednym z piękniejszych miast regionu Wielkopolski. Przez wiele lat pracowała tam jako dekorator i pozostawiła wiele swoich prac, które zdobiły wnętrza domów znajomych i przyjaciół.

Jej wrażliwość artystyczna znalazła też odbicie w poezji. Jej twórczość poetycka w tamtych czasach trafiała „do szuflady", a teraz próbuje ją wydobyć.

W 2000 roku wyemigrowała do Stanów Zjednoczonych. Obecnie mieszka i pracuje w Milwaukee, w stanie Wisconsin.

Jako członek Zrzeszenia Literatów polskich im. Jana Pawła II w Chicago prezentowała swoją poetycką twórczość na forum tego Zrzeszenia:

- podczas IV Jesieni Poetyckiej – „Słońce w listopadzie" w 2008 r.
- podczas IV Wiosny Poetyckiej w 2009 r.
- podczas Jesieni Poetyckiej „Słońce w Listopadzie" 2009 r.
- podczas V Wiosny Poetyckiej 2010 r.

oraz na łamach kilku edycji książki *Antologia poetów chicagowskich* zatytułowanych: „Czy może być inaczej", „Bez złudzeń" 2010/2011 r., „Droga do światła" 2010/2011 r.

Na łamach książki Sursum Corda w Górę serca wydanego z inicjatywy Jezuickiego Ośrodka Milenijnego i ZLP im. Jana Pawła II w Chicago w 2012 r.

W 2009 roku brała udział w Konkursie Literackim Radia 1030 Chicago – jej wiersze zakwalifikowały się do najlepszych utworów literackich tego konkursu.

Swoje utwory prezentowała też w kabarecie „Bocian" w Chicago.

Od kilku lat prezentuje swoje wiersze w Grupie Poetyckiej ARKA w Chicago.

Wiersze drukowane są w *Monitorze* w Chicago, również kilka wierszy ukazało się w dwutygodniku *Gwiazda Polarna* w 2012 roku,

Jej poetycka wrażliwość charakteryzuje się pięknem i prostotą słowa.

O CZYM PISZĄ POECI

Wiersze – o nieprzespanych nocach
o miłości, o wielkich tęsknotach
o życiu i śmierci.
Piszą też wierszyki dla dzieci.

Wiersze czytają wielcy i prości ludzie.
W wierszach szukają złudzeń.
W wierszach elegia, dramat.
W wierszach – miłość, stary jak świat temat.

W wierszu jak w życiu
refleksja, rozważanie i łzy w ukryciu.

Milwaukee 2013 r.

ECHO ZNAD MICHIGAN

Wielka woda,
postrzępione lądy
w wodzie czar srebrnych gwiazd.
Księżyc w pełnym uśmiechu
jak zaczarowana srebrna kula.

Zamiast w twoich dłoniach moja twarz
tylko echo w telefonie
pieści ucho czarem słów.
Ja tęsknię tu,
ty czekasz tam,
echo jak czarodziejska różdżka
buduje most,
skraca tęsknotę.

Milwaukee 2008 r.

PŁOMIEŃ MIŁOŚCI

W kominku płomień pachnie jałowcem,
czerwone wino w ustach się rozpływa.
W dłoniach tulę mięciutkie policzki,
oczy toną w twoich źrenicach.

W zapachu wina pokój skąpany,
w dotyku gorąca trzaska iskra,
Splecione ciała w błękitnej pościeli
wirują w błogiej ciszy…

Wczesnym świtem promyk słońca
przez okno cichutko się wkrada,
podgląda bezwstydnie
w negliżu motyle.

Milwaukee 2010 r.

ŚNIADANIE

Witam najjaśniejszego pana.
Czy pan sobie życzy,
czarną malutką,
czy bielutką z kożuszkiem.
Podam pachnącą,
z aromatem rumowym,
może waniliowym,
albo orzechowym.
Pan taki czarujący,
pięknie się uśmiecha,
pański urok mnie urzeka.
Ciasteczko, czy rurka z kremem,
może banan w plasterki pocięty,
malinowym sokiem zdobiony
ułożony, no wie pan na moim...
z listkiem zielonym dla ozdoby
w różowej pościeli.
Zimny szampan dla ochłody,
na deser truskawka w czekoladzie
taka czerwona, soczysta jak moje usta.

Czy już podać panu kawusię…

Niech że wreszcie pan wstanie!
bo czeka śniadanie!

(trzasnęły drzwi)

Milwaukee 08.22.2010 r

WRACAM DO CIEBIE

Wszystkie tęsknoty, które mam w sercu
biegną do Ciebie,
do soczystej zieleni
co zdobią polską ziemię.

Biegnę do Ciebie w śnie by się przytulić,
usiąść pod wierzbą, wyżalić się pod niebem,
pełną piersią oddychać wśród starych dębów
schować się w nich przed deszczem.

Biegnę do Ciebie
by uwić koronę z białych stokrotek
włożyć na Twoją głowę,
jesteś w moim sercu, najdroższą.

Idę do Ciebie
by biegać po łące z twarzą ku słońcu.
Iść pod rękę z jesienią,
cieszyć się życiem razem z wiosną.

Wrócę do Ciebie zimą
ogrzać przy kominku zmarznięte ręce…

Milwaukee 2013 r.

BARBARA PASTUCHA

Urodziła się 25 czerwca w 1960 roku w Bychawie na Lubelszczyźnie. Od wczesnego dzieciństwa rozmiłowała się w pięknie przyrody i dźwiękach akordeonu, na którym gra nadal.

W 1983 roku, po założeniu rodziny, zamieszkała w Lublinie i tam ukończyła Uniwersytet Marii Curie-Skłodowskiej, na Wydziale Pedagogiki i Psychologii. Jako swą drogę zawodową wybrała pracę nauczyciela, którą wykonywała dwadzieścia pięć lat. W 2004 roku wyemigrowała do Stanów Zjednoczonych.

Pisze wiersze i prozę poetycką. Swą twórczość prezentuje m.in. w almanachach, w Świętokrzyskim Magazynie Kulturalno-Literackim i na spotkaniach poetyckich.

Pragnie, by odbiorcy jej tekstów wzmocnili w sobie wiarę we własne siły i w to, co stanowi w życiu wartość.

Dewizą poetki jest iść przez życie jak światło, które rozjaśnia wszystkie ciemności.

POZWÓL MI

Pozwól mi chodzić po zielonych pagórkach,
Rozciągać swe ramiona,
Obejmować nieogarniętą przestrzeń,
Przywitać Wszechświat i znane imiona,
Przeprosić każdego…
Zobaczyć jego obraz…
Przytulić,
Przebaczyć,
Złożyć życzenia…
Powodzenia!
I nie czuć żalu…
A jeśli…
To znów odwiedzić pagórki…
Zielone, kwieciste…
Otulone mleczną mgłą,
Ozłocone słońcem,
I wspiąć się na szczyt…
Zawołać Boga –
Stwórcę Wszechświata,
Dziękować za miłość –
Do każdego współbrata,
Za prostowanie ścieżek,
Za każdy dzień –
Możliwość –
Doskonalenia…

Sierpień 2015

BEZ ZAZDROŚCI

Bez zazdrości jestem lekka jak motyl,
Choć nie latam wcale nad łąką,
Wciąż podziwiam puszyste latawce –
Najzwyklejsze ze wszystkiego, co zwykłe.

Prawda w ustach nie wpuści kąkolu,
Żaden grymas nie zaćmi mej duszy,
Każdy kwiat – ekspozycją rajskiego ogrodu,
Wiedzie prym w zgodzie istnienia.

Zjednoczeni w różnorodności,
Pokój świętować będziemy codziennie,
Każdy miejsca ma dosyć w swym dziele,
Jak oddechu wśród zieleni, gdzie wiele.

Cieszmy się – bez skazy zwątpienia,
Z powrotu radości
I wszystkiego, co piękne…

Maj 2015

BAGAŻ

Idąc przez życie
Dźwigamy swój bagaż,
A w nim każde przeżycie,
Oprawiony w mocną ramę pejzaż –
Żaden nie jest bez cienia.

Mijamy się nieobecni –
Uwięzieni w zamyśleniach,
W swych dążeniach mocni.

Sumują się nasze prędkości –
Z radości i smutków, upadków i wzniesień,
Bo każdy w innej jakości

I oto chwila olśnienia,
By nagle nacisnąć na klakson
Zamiast zejść z owej drogi,

Która objawiła niebezpieczny fason
Przez swoje zwątpienia i wszelkie nałogi,
By w utrudzeniu i zagonieniu
Przystanąć i przejrzeć swój nieodłączny bagaż –
Przewrotnych myśli i ich obnażania
Aby stworzyć wielką siłę
I unieść się ponad wszelkie niedoskonałości,
By z zebranych nasion nakarmić każdą rodzinę…

Wtedy się mijając
Chwytajmy się za dłonie,
W bliskości serc się kajając…
A kraina Edenu w nowej odsłonie
Zaprosi nas do życia w jedności i trwaniu…

Styczeń 2016

ODCIENIE JESIENI

Żółcie w odcieniach jaskrawych –
Zdobią dziś drzewa z brawurą,
Rudy, co jesień wciąż modny –
Nie kłóci się wcale z purpurą,
Wszak jednako brąz skończy ich żywot płodny.

Kasztany z trzaskiem spadają na ziemię
Składając hołd ojcom w podzięce,
Chcą znów podnieść się w ludzkich talentach,
Jak żywa czerwień w koralach jarzębiny –
Podkreślająca wdzięki dziewczęce,
Jak marzenia o powrocie do domu
Mocno tkwiące w emigrantach.

Żołędzie gubiąc swe ciepłe czapeczki –
Ze wzruszeniem zostawiają ojcowizny dęby,
By wrosnąć w ziemię głęboko
Tam, gdzie wiatr je poniesie,

Nie zważając na trudy wolności –
Nie zawodzą swych fundamentów,
Żeby nigdy pożółkłe brzozy
Nie nuciły żołnierskich pieśni w nieznanym lesie
Lecz wdzięczne za troski człowiecze –
Gwarantują na łonie natury swą piecze.

Listopad 2015

Z PERSPEKTYWY CZASU

Z perspektywy czasu –
widzimy wszystko wyraźniej,
pomimo osłabionego wzroku,
Słyszymy kiedy trzeba –
szczebiot dziecka, skargę starca
i zwykłe słowa człowieka.

Z perspektywy czasu –
hierarchie ważności są inne,
Życie chcemy tkać misternie,
jak koronki delikatne, cenne.

Z perspektywy czasu –
mniej klarowne są plany na przyszłość,
A pragnienia zabarwione dystansem,
by nie stały się duszy rezonansem.

Z pespektywy czasu –
nadal potrzeba cudów i działania,
A precyzja myśli i uczuć
wciąż mile widziana.

Z perspektywy czasu –
spinamy swą szatę
klamrą wołania –
Omijaj role kułaka!
By nie paść jak koń
ze znieczulicą wozaka.

Antonina Pielarz

Dzieciństwo spędziła w rodzinnym miasteczku Rudnik nad Sanem. Szkołę średnią, Zespół Szkół Spożywczych, ukończyła w Rzeszowie jako technik mikrobiolog. Po dwóch miesiącach, 7 lipca 1977 r., znalazła się w Milwaukee, w stanie Wisconsin. Po roku pobytu zdecydowała się zostać na stałe w Stanach Zjednoczonych. Wybrała się na studia w wieku czterdziestu siedmiu lat i zdobyła tytuł bakałarza (BA) na wydziale języków obcych. Studiowała na stanowym Uniwersytecie Wisconsin w Milwaukee (UWM). Obecnie pracuje jako tłumacz.

Pisała „coś" zawsze, przeważnie, gdy nie umiała poradzić sobie z narastającymi przyziemnymi problemami. Przelewając je na kartki, z ulgą oczyszczała siebie. Z czasem przerodziło się to w poezję. Uczy się żyć codziennie, pogłębia swoją wiedzę, pokornie wsłuchując się w siebie. Lubi swą pracę, kocha matkę naturę, akceptuje wszystkich, bo według niej wszyscy jesteśmy piękni.

WYPŁAKANE DIAMENTY

Nie wiedziałeś?
To takie proste.

Zakochaj się w swoich łzach.
Przytul je.
Jak matka przytula płaczące dziecko.
To takie proste.

One prawdą przesiąknięte,
Pragną twojej cierpliwości.
Wsłuchaj się w ich uczucia.
One wolność ofiarują.

To takie proste.

A one ciepłem miłości otulone,
Słońca blaskiem błyszczą
Jak bezcenne diamenty.

Nie wiedziałeś...
To takie proste.

BOSKOŚĆ

Kontury drzew o zmierzchu
Odbijają się od bladoniebieskiego nieba
To boginie nocy rozkładając swe potężne ramiona
Szykują posłanie dla zmęczonego

Głęboki granat zakrywa jasne zakątki nieba
Niesamowita ciemność zapada
Nadprzyrodzona cisza wkracza
Wolność ogłasza

PRZEBUDZENIE

Rozdarłam resztkami sił
Ostatnie kawałki mięsa
Kości rozrzuciłam dookoła
Krew sama rozlała się pode mną

Nareszcie wolna – krzyknęłam

Srebrzysta szata spłynęła
Miłością otuliła nagą duszę

Lecimy – westchnęłam

Pode mną
Kukły w ludzkich łachach
Pożerające resztki mięsa

To nigdy nie byłam ja – z ulgą szepnęłam

JESIEŃ

Uwielbiam Cię Jesieni
Oddech mi zapierasz
Gdy w prześliczne klejnoty świat ubierasz

Masę kolorów rozprószasz po niebie
One spadając łączą się
Magicznie odmieniając ciebie

Drzewa oszołomione nowościami
Witają brązy, borda i brunety
Podziwiając liści nową toaletę

Welonem słońca otulone
Strojne panny nieśmiałe
Czystą miłością zabłysły

Cudownie – westchnęło słońce
Szlifując brylanty i bursztyny
By to piękno pogłębiły

Szczęśliwi
Na nowy świat
Z dumą spoglądają

KLESZCZE PRZESZŁOŚCI

Czuję.
Wbite pazernie w głębię duszy.
Nie puszczają.
Ona milczy, cierpliwie czeka.

Worek pełny egoistycznych bzdur – to mózg.
Nie popuszcza.

Sparaliżowane oczy otwieram ciężko.
Zwariuję – serce nie wytrzymuje.
Oddycham.

Nie uciekaj tchórzu – krzyknęłam.
Strach z zakątka wyrwany
Czułością poruszony – oszalał.
Ona w ciszy śpiewa.

Ksiądz Czesław Jan Polak
(1936-2008)

Urodził się w Krasnym, w okręgu tarnopolskim. W czasie wojny stracił ojca, który wyszedł do pracy i zaginął bez wieści. Był świadkiem dramatycznych działań nacjonalistów ukraińskich i hitlerowskich okupantów. Wraz z matką, w ramach repatriacji we wrześniu 1945 roku osiedlił się na zachodzie Polski we wsi Wielowieś. W 1953 roku stracił matkę. Wtedy z pomocą przyszli mu dwaj księża z parafii. Jeden finansował jego naukę, a drugi żywił i ubierał.

W 1956 roku podjął naukę w Seminarium Duchownym we Wrocławiu, które po dwóch latach porzucił. Pracował jako instruktor kulturalny w Urzędzie Miejskim w Opolu. Tam dojrzała decyzja wyboru drogi życiowej. W latach 1968-1973 studiował na Chrześcijańskiej Akademii Teologicznej w Warszawie. Święcenia kapłańskie uzyskał we wrześniu 1973 roku. Posługę duszpasterską pełnił w parafiach Bolesław k/Olkusza i Tolkmicku k/Elbląga.

W 1976 roku udał się na misję do Brazylii. Pracował w parafiach Erechim i Barao de Cottegipe w stanie Rio Grande do Soul. Ks. Czesław Polak był nie tylko misjonarzem. Był aktorem, śpiewakiem, miłośnikiem teatru, poetą, ale przede wszystkim przyjacielem ludzi. Pochylał się nad mieszkańcami brazylijskich slumsów i nad bezdomnymi w Chicago. Bywał w domach bogatych biznesmenów i w przytułkach, których nikt nie odwiedzał. W Chicago zmywał naczynia w restauracji, pracował w księgarni i był członkiem Centrum Kultury Polskiej im. Jana Pawła II. Tańczył w zespole ludowym i grał w teatrze „Rzeszowiacy". Czynnie uczestniczył w spotkaniach Zrzeszenia Literatów Polskich w Chicago. Miał czas na ludzkie przyjaźnie i głębokie teologiczne przemyślenia. Był gorącym zwolennikiem ekumenizmu.

SŁOWA

Na początku Bogiem było słowo
Mówimy za dużo
Za głośno
Są słowa piękne i niebezpieczne
Dotknij swego choć dławi gardło
Ułóż swoje słowa w czyste zdania
Zrób to w milczeniu.

POLSKA DZIEWCZYNA

Z polskich łąk i lasów rodem
Z magnoliami we włosach
Polka Słowianka
Z twarzą naszych matek
Z obrazem Matki Boskiej Ostrobramskiej
Na piersiach
Z rojem motyli amazońskich
Piękności polska
Uśmiechnij się do nieba błękitu.

PRAWDA

Gdzie nie nadstawisz ucha tam prawda
Otwierasz gazetę – prawda
Włączasz radio – prawda
Oglądasz telewizję – tylko prawda
Czytasz książki – jedynie prawda
Wszystkie partie głoszą prawdę.
Myślisz – gdzie ta prawda?
Rodzisz się – to prawda
Umierasz – to prawda
A pomiędzy tym jest Chrystus
Prawda i życie wieczne.

MATKA

Ty jesteś Bożym Arcydziełem
Naszą królową
Królową małych ludzi
Pośredniczką-orędowniczką
Lśnisz w świętości
Jak zorza polarna na niebie
Śpiewasz z Aniołami
Na chwałę Panu
Przez dzieci przekazujesz orędzia
Dobrocią nas karmisz
Matko nasza jedyna.

CHICAGO

Miasto z aleją bzów kwitnących wiosną
Mnożące wielkość swą w odbiciu wód
Jeziora Michigan
Królestwo jazzu i blusa
Rosnące wzwyż architekturą szkła
I w głąb procentem zła.
Chicago z Kościołem Franciszkanów
W sercu swym
Wypełnione po brzegi tęknotą
Chicago z rzędem kawiarenek
W których swe ręce tulą zakochani.
W grudniu na Daley Plaza
Bezdomna madonna porodziła syna
Święty Józef rozłożył bezradnie ręce.

Elżbieta W. Chojnowska

Czesław Jan Polak

Jeszcze myślę.
Jeszcze tęsknię.
Jeszcze kocham.

Tym fragmentem wiersza „Jeszcze kocham" można przedstawić główne uczucia charakteryzujące autora tych słów. Myślał o przeszłości, tęsknił za ludźmi, których spotkał na swej drodze, i kochał miejsca, gdzie bywał. Taki był ksiądz Czesław Jan Polak, taka też jest jego poezja w tomiku *Nić mojego życia*. Napełniona refleksją o prostych ludzkich radościach, uczuciach i problemach, ujęta w skromnych poetyckich wersach, wzbogaconych pięknymi metaforami, które ożywiają pamięć i przywołują wspomnienia.

Ksiądz Czesław pochodził z kresów wschodniej Polski, dlatego też często pisał o malowniczych terenach tamtej ziemi i minionym dzieciństwie, przywołując każdy zapamiętany obraz. Cechowała go ogromna tolerancja i szacunek do różnych kultur. Wynikało to zapewne z tego, iż od dziecka obserwował dwukulturowość rodzinnej wioski (polską i ukraińską), następnie zetknął się z innymi kulturami na misji w Brazylii, a później długo mieszkał w Chicago – mieście wielonarodowościowym, wielowyznaniowym i wielokulturowym. Dało mu to możliwość zetknięcia się z różnymi ludźmi. Potrafił dotknąć serc ludzi bogatych i pomóc biednym oraz pochylić się nad bezdomnymi. Bogaty w szacunek i miłość do każdego człowieka swoją poezją starał się przekazać niematerialne wartości życia ludzkiego, które w obecnym świecie coraz bardziej zanikają.

W skrótowych, ale szczegółowych opisach przyrody, gdzie nawet najmniejszy szczegół ma swoją wartość i miejsce, poeta wyraził wdzięczność do Boga między innymi za to, że rodzą się pisklęta wiosną, za wszystkie stworzenia żyjące i wszechświat. Takie to zwyczajne, proste i jednocześnie piękne. Nie zawsze mamy możliwość zastanawiania się nad tym, jak szybko rośliny rosną, jak to zauważył autor tego zbioru wierszy, pisząc: „Mierzyłem źdźbła zbóż ile urosły nocą".

Miłość do Boga i Bożej Matki są treścią wielu wierszy w tym tomiku. Ks. Polak bardzo bezpośrednio opisał swoje uczucia religijne, głęboką wiarę i wyraził przekonanie o tym, że Bóg jest prawdziwą miłością i ratunkiem dla człowieka: „(…) Pomóż nam podnieść się do świętości".

Tylko poeta żyjący i tworzący na emigracji ma możliwość zatęsknić za ojczyzną. Osobiście zanurzyłam się w tych poetyckich wyznaniach i tęsknotach księdza, czytając jego poezję też zatęskniłam za krajem rodzinnym, gdzie jak napisał poeta: „Trzciny, sitowia i oczerety, sosny iglaste i brzozy smutne, wierzby przydrożne, jaśminy i bzy...". Te maleńkie szczegóły z krajobrazu polskiego nabierają wielkiego sentymentu dla nas i emigracyjnego poety tęskniącego za krajem ojczystym, do którego Bóg zabrał go już na zawsze. Mimo bardzo krótkiego, bo zaledwie czteroletniego okresu twórczego zostawił po sobie niepowtarzalny i bardzo unikalny dorobek poetycki.

Chicago, 25 sierpnia 2008

Sophie Spanier

Urodziła się w Polsce na Pomorzu, pochodzi z Kujaw. Jest absolwentką Bydgoskiej Akademii Techniczno-Przyrodniczej. Od najmłodszych lat uwielbiała czytać książki i poczję naszych znanych poetów jak Adam Asnyk, Halina Poświatowska, Maria Pawlikowska-Jasnorzewska, Bolesław Leśmian oraz słuchać i śpiewać poezję śpiewaną przez Marka Grechutę czy Ewę Demarczyk.

Kocha taniec, fotografię, polską muzykę i tradycję.

Zanim przyjechała do USA, dużo podróżowała do krajów Europy i Azji, poznając świat i inne kultury.

Przyjechała na chwilę, a została na dłużej. Aktywnie występuje i recytuje w Chicago i Wisconsin oraz w Polsce.

Zaczęła uczęszczać na spotkania Grupy Poetyckiej ARKA, spotykając się z poetami z Chicago. I tak zaczęła się jej przygoda z pisaniem. Tęsknota za krajem i polskością sprawiła, że napisała m.in. wiersze: „Przebudzenie", „Wibracja", „Istnienie", „Być", „Przetrwać", „Ojczyzna", „Dom" i wiele innych.

MIASTO MOJE

Miasto moje solne w
Różu i kryształach.
Mieni się kolorami tęczy w kamieniu zastygłym...
Głębokie pod ziemią korytarze
wydrążone wodą...
płyną solanką gorzką, zamieniając się na końcu drogi
w biały proszek
solą zwany
Oszraniając bielą stos drewna złożony
wysoki
Prawie w chmurach zanurzony...
Orzeźwiające powietrze wokół,
możesz rozkoszować się oddechem...
Tężni...
W parku zielonym...
MIASTA mojego...
Uzdrowiskiem zwanego

DOM

Czuję każdy ruch i dźwięk
Stając na palcach
Zwiewnie i leciutko,
Jak biały gołąbek pokoju,
Szukając swojego domu.
Czym jest smak rozłąki dalekiej?
Ja tu,
Ty tam.
Powiedz mi gdzie Ciebie szukać
Tęsknota – przerasta czasem moje małe istnienie.
Wtedy czekam na cudowne olśnienia.
Ujrzeć Cię,
Zanurzyć myśli w tym momencie,
Nie tracąc chwili
Obecnej i tej przeszłej.

DROGA

Chcę żyć wolniej i spokojniej
Nie mogę
Gonię
Gonię za czymś
Próbując znaleźć drogę
Drogę życiową
Drogę do nieba
Tak wiele myśli w mojej głowie pulsuje
Uspokajam się czasem na chwilę
Żeby znów zacząć moją gonitwę
Jak koń dziki w galopie
Czy można żyć spokojnie
Jak łabędzie
Które widziałam nad Stawkiem
W mieście ukochanym
Wracam pamięcią
W te młodzieńcze lata
Gdzie jesteś moja Ojczyzno
Tutaj
Czy tam gdzie te przeszłe lata

ISTNIENIE

Kolejny dzień
słonecznymi promieniami powitał.
Zadziwił jasnością.
Oślepił oczy.
Dał mi znak zodiaku
I powiedział:
– Witam Cię gorąco
Moja Gwiazdo
Ranka Wschodzącego.
To jest dzień niezwykły,
Nadzwyczajny,
Dzień Narodzin.
Specjalny
Dzień.
Istnienia.

ARS POETICA

Ja wiem, że inni już napisali
wspaniałe wiersze.
Ja wiem, że moje nie są pierwsze.
Cóż można napisać jeszcze?
O miłości
O tęsknotach małych zawsze oczekiwanych.
Jak świat wielki i szeroki,
Niech poezja rozwija swoje loty.
Nigdy jej za wiele,
Gdy wokół są przyjaciele
Gotowi posłuchać
Mów do mnie,
Mów do mnie szeptem
A ja Cię wysłucham.

MAREK ZIEMOWIT STAWIARSKI

Urodzony w 1942 roku w Częstochowie pod Jasną Górą. Absolwent Wydziału Dziennikarstwa Uniwersytetu Warszawskiego. Od roku 1980 na emigracji w Stanach Zjednoczonych. Tutaj zatrzymał go stan wojenny w Polsce. W USA redaktor i wydawca miesięczników *My, Dzisiaj, Kontra*. Realizator telewizyjny programów dla Polonii: *Godzina Polonusa* i *Zbliżenie*.

Prezes Kongresu Polonii Amerykańskiej na stan Illinois w latach 2005-2008.

Podczas Olimpiady w Los Angeles w roku 1984 jako jedyny Polak otrzymał medal od Amerykańskiego Komitetu Olimpijskiego za film z tej imprezy. Polscy sportowcy nie wystąpili, zablokowani przez reżim komunistyczny.

Piastował funkcję prezesa w „Interpolonii" – organizacji patriotycznej w Chicago.

POSIADŁOŚCI

Posiadłość ziemska
Jaka to marność
A posiadłość ducha?
Gdzie dusza twoja?
To inny wymiar
Człowieku zachłanny fizycznie.

Boże przecież nie jesteś sknerą
Oznajmisz nam posiadłość duszy?
Czekamy, domagamy się
Nic nie zmieniliśmy
Jesteśmy niecierpliwi…
Medale hańby

Wszyscy kiedyś umrzemy
Tylko nie wszyscy z honorem
Armia Krajowa, Wolność i Niezawisłość
Bohaterowie-ludzie honoru
Ale wśród nich nieliczne wyrzutki
Zaprzedali się za medale
Od ludzi z komuny
Albo postkomuny
Co za różnica
Za medale nędznej wartości
Też medale Virtuti z historią
Goreje ten medal
Gdy z rąk zdrajców
Nadany przez ojców, synów, córki komuny
Jeszcze tak niedawno
Gonili Akowców po płotach
Strzał w plecy lub w głowę
Stare sowieckie zwyczaje – Katyń
    Polacy?
Swołocz z pałacu Mostowskich

Z więzienia przy Rakowieckiej – to Warszawa
A Golgota Wrocławska
Hekatomba zbrodni komunistycznych
    Ani z Moskwy
    Bez honoru
    Bo odbierają im honor
    Synowie, córki Akowców
Z WIN-u, Batalionów Chłopskich
Prawej opozycji – tej współczesnej
Odbieramy im honor

MÓJ PIES ORIO

Piszę słowami
Ordynaryjnymi
Oczywiście, chcę
By trafiły do ludzi
Bo do kogo mają?
Mój pies, wierny Orio
Mówię do niego wierszem
Słucha mnie
W pełnym skupieniu
Patrzy rozumnymi oczami
Stoi na wyprostowanych łapach
W bezruchu
A ja do niego mówię wierszem
On ani drgnie
On te wiersze rozumie.
A homo sapiens

POEZJO RATUJ

Brak mi poezji
Niedostatek.
A pisać nie umiem
Liryka moja gdzieś daleko
Zagubiony życiem
Zmierzający do dna rozpaczy
Kto poda mi rękę
      Nienormalni,
      Wariaci
      Pomyleni,
      Frustraci
Ludzie z zanikającym sumieniem
Poezjo ratuj!

NIESPEŁNIENI

Ludzie niespełnieni
Żądni sławy, medali
Zadufani w sobie
Najważniejsi na świecie
Nie podchodź
Zbyt blisko
Możesz oberwać
Dorównują Bogu
Ty jesteś niczym i nikim
Bo nie dla rozgłosu
Chwały, sławy
Oni niespełnieni
Zadufani w sobie
     Bufoni
Widać to na ich twarzach
Biedni – niespełnieni bracia

[Z tomu Ziemowita Marka Stawiarskiego Przebudzenie, *Wydawnictwo Patria, Chicago Anno Domini 2013, wybrał z upoważnienia autora Edward Dusza]*

IWONA SZYBOWSKA

Urodziła się i wychowała w Zielonej Górze.

Pisze, odkąd tylko pamięta. W rozwoju jej poetyckiego warsztatu dużą rolę odegrała znajomość z Tymoteuszem Karpowiczem, z którym w ostatnich latach jego życia była zaprzyjaźniona. Jest autorką trzech tomików wierszy, wielu opowiadań, felietonów, tekstów piosenek. Jest także laureatką polskich i zagranicznych konkursów literackich. Swoje wiersze publikowała między innymi w byłym *Nadodrzu* oraz w Instytucie Literatury w Paryżu.

Od wielu lat mieszka w Chicago, w mieście jej wielu twórczych inspiracji.

DZIEŃ NARODZIN

Dzień narodzin, właściwie wiosna, choć śnieg
na ojca kapeluszu nie zapowiadał dobrej pogody.
Hortensję z wielką głową nosił długo w glinianej doniczce.
Jednak ciągle brakowało dla niej miejsca.

Siódma rano, niedziela, śmieszna pora
na gości. Jak się tu dostałam? Pamiętam wąskie
przejście, pokonałam je. Ale co ja tu robię?
Kim jestem?

Jestem śliską obłością, przypominam głodnego
zwierzaka. Pochłaniam wszystko co zobaczę, szybko
się nasycam. Trawię. Wydzielam. Przebudzam i zasypiam.
Czuję krew, jej szum w żyłach, kiedy pogania moje
komórki. Pulsują. Więc jestem. Jesteśmy.
Ja i na stoliku hortensja.

Od dnia kiedy zaczęli mnie obmywać, tracę światło.
Coraz więcej zapominam. Odrywając od ciała bandaże
przesycone płynem otrzewnowym,
czuję jak rośnie hortensja. To początek.
Wyrażam siebie rękoma.

CZARODZIEJSKA GÓRA

Sen. Chociaż oczekiwany,
nie przychodzi. Odrętwienie, w którym się wpół śpi
a w połowie czuwa, wywołuje majaki.
Obniża się sufit. Zaciskają ściany. Kurczy poziom tlenu.
Groźna zmora uciska piersi, zachłannie wysysa
powietrze.

W dzień się rozmawia, układa pasjansa. Obnosi wilgotne
miejsca w płucach. Miłość jest tu zakazana i nierozsądnie
jest pamiętać o piosenkach nuconych
na nizinach.

Wreszcie wzrasta temperatura krwi. Zużywa
rwący oddech. Przychodzi sen z twarzą w błocie,
w lesie pełnym pękających granatów.

Poranne stukanie kąpielowego zawiadamia, że życie
wkroczyło na swoje tory.
Z brytyjskim akcentem pyta przez zamknięte drzwi:
"Did you ever see the devil with a night-cap on?"

OWOC

Noc. Patrzę w okno.
Jego krzyż przypomina akt bezsiły. Przemykający liniowo
czas narusza święty porządek, zaplata
i rozplata warkocze matrixu. Jeszcze raz.
I jeszcze.
Nie pytam jak ciemność porusza faleń strachu. Czuję go.
Odbity w lustrze wody tonie w głębinie. Uwolniona
wypływam na brzeg.

W ziemi, planetach, słońcach. We mnie. W każdej kropli,
rybie, muszli duch wszechświata.
Jak mocno pachnie i smakuje życie. Rześkie powietrze
wypełnia płuca.
Ściągam sandały, podeszwy bosych stóp kreślą na piasku
mandalę. Staję się lżejsza, przezroczysta
jak szyba.
Alba spala się, kurczy w płomieniach wschodzącego
dnia.

Uporałam się z lepkością hostii przywierającej
do podniebienia jak flizelina.
Codziennie przepłukuję usta czystą wodą. Używam
wonnych olejków. Wiesz jak mocno pragnę być wierna.
Każdą cząsteczką.
Już nie potrzebuję rozgrzeszeń i waszego
nieba.

USTA PERSEFONY

Święcona woda przelewa się, występuje z koryta,
tak samo obmywa człowieka i zwierzę.
Niewidomi przewodnicy pouczają tłum. Brud
osiada na mieliźnie. Spływa rynsztokiem, trujący
jak napalm, wyżera mózgi.

Codziennie przenoszę na drugi brzeg dzban
wypełniony sokiem owoców granatu. Coraz rzadziej
potykam się na mojej ścieżce. Zapominam o dźwięku
pękającego szkła i bólu zdrętwiałych
mięśni.

Przez wodę i ziarno, które są we mnie,
stanie się chleb. Cząsteczka minionej historii, przyszłość
pełna tajemnic. Serce mieni się żywotną krwią, zasila miłością.
Tylko tu i teraz. Bezcenny prezent.
Życie.

„Mam nadzieję, że wyjście jest przyjemne.
Mam nadzieję już nie wracać."
Frida Kahlo

AUTOPORTRET

Kolor biegnie po napiętych do bólu
żyłach płótna, przez dłoń po opalone ramię aż do stóp
w bransoletach i białych wstążkach. Rwące rany –
kolczyki w kształcie papug. Czoło przekreślone łukami brwi.
Przypominają skrzydła gotowe do lotu
ponad błękitny dom z podłogą, o którą wspierają się nogi –
zgruchotane kolumny.

Jak sygnatury lęku i mroku, naniesione mocnym
pociągnięciem pędzla, płoszą odruch wzruszenia.
Chciałaś być tak zwiewna, żeby nikt nie zauważył
defektu ukrywanego pod gorsetem,
co ciąży ku ziemi.

Diego Rivera gasi cygaro – za chwilę zacznie
udawać zalotnika. Będziecie nerwowo szukać siebie.
W rozgrzanych ciałach, pomiędzy przyspieszonym
biciem serca a kroplami potu, znajdzie się chwila na oddech,
na zachłanne gryzienie nabrzmiałych sokiem
słodkich arbuzów.

Można się konsekwentnie ranić, jednocześnie tak żarliwie
pragnąć? Cień przemyka, choć powinno być jasno
i ciepło, wyostrza zmysły. Wpół zgięte kolana
prostują się, skrzydła zostawiają czuły odcisk
na płótnie.

Rzucasz paletę. Skończone. Uwolniona fruniesz
do słońca. Nigdy więcej nie spadniesz jak przestrzelony ptak
na dno studni, do której napadał świeży, zimny
śnieg.

Krzysztof Zwierzchowski

    Urodził się i wychował w Radomiu, tam też spędził dzieciństwo i młodość.
    W 2002 roku wyjechał z Polski. W wędrówce za lepszym jutrem przybył do USA. Osiedlił się w Chicago.
    Nowa rzeczywistość życiowa skłoniła go do pisania wierszy. Swoje utwory prezentuje na spotkaniach poetyckich.

WYGNANI Z RAJU

Szalem boa owinęłaś mnie,
w koronie drzewa listków.

One jak motylki wibrowały śmigiełkami.
Letnim podmuchem puszczały oczka
słońca promieniami.

Grzesznym natchnieniem nektaru.

Wachlując gałązkami z jedynego listka
nas wyodziać.
Zapach owianej twej nagiej natury,
kusi szeptem, pożądanie.

Odkryj ostatni listek figowy,
a grzechem będziemy wygnani,
w nagość wiecznych niepokoi.

JESIEŃ

W alei drogi topola wysoka słupem stoi,
latem błyszczy woskiem liść zielony,
w babie lato
siwym włosem uczesany,
szronem nocy otulony.

Jesień rankiem zmywa lato z kropli świecy,
drzew korony liście zamienia w kameleony
królowej barw palety.

Wiatrem z mieszka kuźni dmuchnie,
strąci kilka pików, kierów
kartą zaszeleści pod stopami.

Na ślubnym kobiercu dojrzałe lato
złote obrączki jesieni
ofiarowało.

PAMIĘĆ

Modlitwą znicza i świec wszelakich,
płomień z ciemności głuchej ciszy
otwiera bramę światła
do nieba.

Groby ubrane
w kilimy chryzantem,
wieńce z gałązek jodły.

Odymione nagrobne ołtarze
kadzidła zapachem
kwitną we mgle ulotnej.

Wzrokiem bliskich i ukochanych
czytamy myśli odkurzone,
w Dzień Zmartwychwstania
pamięci tych którzy odeszli
w proch obróceni
w dolinę wiecznej ciszy...

MIŁOŚĆ

Miłość w róży się schowała,
Piękna, niewidoczna.
Bym ją wszędzie szukał,
Ciągle odnajdywał...

Pokaż twarz twą cudną,
to uwierzę, żeś jest prawdą.

Myśli krążą wokół ciebie,
Rządzą głową, mową moją,
Nawet ręce zakopane w pracy,
Wymachują w twoją stronę.

Każdy gest twój wyrażony,
Jest sygnałem do miłości
Tak wspaniałej.

Jesteś muzą i natchnieniem,
Życia sensem i pragnieniem.

KRAJOBRAZ DZIECIŃSTWA

Pamiętam dzieciństwa,
czasu krajobraz
Łąki pachnące o zmroku
mleczem utkane, niczym gobelin,
żółtym kwiatem wyściełany.

I te mgiełki przezroczyste
unoszące się oddechem łąki
Do snu nucąc kołysankę,
kończącego dnia.

I te arie kumkających żab
gdzieś w oddali.
Jakbym słyszał głos orkiestry,
gdzieś z zaświatów.

A dyrygentem
konik polny,
który nocną zmianę przejął,
odmierzając czas cykaniem,
wskazówką zegara.

Edward Dusza
ŻYWA POEZJA W CHICAGO

29 kwietnia 2016 r. Grupa Poetycka ARKA zorganizowała jubileuszową 50. Biesiadę Poetycko-Muzyczną w restauracji Alibaba Retro w Chicago. Te comiesięczne spotkania, w każdy ostatni piątek miesiąca, już na stałe wpisały się w kalendarz imprez kulturalnych Wietrznego Miasta. Przed czterema laty, kiedy grupa powstawała, nikt nie przewidział ani nie życzył jej przetrwania, a tym bardziej żadnych sukcesów. Jednak dzięki wytrwałości i systematyczności Elżbiety W. Chojnowskiej, która przewodzi ARCE, udało się nie tylko zorganizować i poprowadzić pięćdziesiąt Biesiad Poetyckich, ale również zredagować ponad 160 wydań rubryki poświęconej poezji w tygodniku *Monitor* wydawanym w Chicago w formie papierowej oraz internetowej.

Grupa Poetycka ARKA ma swoich zwolenników nie tylko w USA (Chicago i Nowym Jorku), ale również w Polsce, Kanadzie, Anglii, Danii i wielu innych krajach. Współpracuje z kilkoma ośrodkami kulturalnymi. Należy też wymienić ścisłą współpracę z poetą Jerzym Fryckowskim i Zbigniewem Babiarz-Zychem, którzy wielokrotnie udostępnili *Powiat Słupski* oraz łamy poetyckich almanachów i czasopism kulturalnych poetom z grupy ARKA.

Kontakty z poetą i promotorem kresów Krzysztofem Kołtunem z Chełmna pozwalają grupie na utrzymanie wartości historyczno-patriotycznych i więzi z literaturą kresową.

Zmarły we wrześniu 2015 roku poeta, dziennikarz i krytyk literacki Józef Komarewicz wielokrotnie pisał o poetach ARKI, podkreślając ich dorobek i znaczenie nie tylko na emigracji.

Nie można też zapomnieć o poetach z Polski, którzy gościnnie występowali na Biesiadach tej grupy. Tutaj przede wszystkim należy wymienić Annę Ulman oraz Józefa Węgrzyna.

Jedną z wielu osób, które zainteresowały się grupą ARKA, była dr Agnieszka Janiak, która stwierdziła: „ARKA to nie tylko grupa poetycka – to grupa twórcza skupiająca poetów, ale również ludzi o różnorodnych zainteresowaniach". Dr Janiak miała całkowitą rację, ponieważ na spotkania oprócz poetów przychodzą i prezentują się muzycy, piosenkarze, aktorzy, pisarze, malarze, graficy, fotografowie, kolekcjonerzy oraz miłośnicy poezji, którzy niekoniecznie piszą własne wiersze, ale na spotkania przynoszą i prezentują poezję innych twórców – znanych i nieznanych. I tak Marian Włodarski, Grażyna Jachimiak, Elżbieta Wiśnicka oraz Marian Bagiński urozmaicają Biesiady, prezentując poezję klasyków oraz współczesnych poetów polskich. W ten sposób grupa ARKA nie zamyka się tylko w swoim wąskim poetyckim środowisku, pozwala również publiczności czynnie uczestniczyć w spotkaniach.

Tylko niektóre z nich miały określony temat, np. patriotyczny, rodzinny, świąteczny czy niezapomniane Wigilijne Biesiady Poetyckie połączone z opłatkiem i tradycyjnym obiadem. Dzięki właścicielce restauracji Alibaba Retro Barbarze Szymańskiej spotkania grupy ARKA to nie tylko przeżycie estetyczne, ale również możliwość dobrej zabawy, ponieważ po Biesiadzie ma miejsce dancing. Często spotkania nie kończą się na prezentacji poezji. Prowadzone są też dyskusje i warsztaty poetyckie. Chojnowska często mówi: „Nie ma poetów doskonałych, dlatego każdy piszący powinien ciągle doskonalić swój warsztat twórczy".

Każda Biesiada jest wyjątkowa i niepowtarzalna, nie ma poprzedzających ich specjalnych przygotowań ani też prób. Spontaniczność to główna atrakcja każdego spotkania, ich uczestnicy czytają to, co czują, co dla nich ma znaczenie oraz wartość w danym momencie i to właśnie poczucie spełnienia w połączeniu z podkładem muzycznym tworzy wyjątkowy nastrój. Należy tu wspomnieć Marcina Kowalika, Justynę Chojnowską, Jurka Kaczorowskiego i Mirę Zaniewską, którzy zapoczątkowali elementy muzyczne w pierwszych dwóch latach działalności grupy. Obecnie pomysł ten jest kontynuowany przez Marka Kalinowskiego, Marka Kulisiewicza, Mirę Szable oraz Maryję Szajert, która wprowadza uczestników w tajemniczy nastrój przy dźwiękach indiańskiego fletu. Tego nie można opisać, to trzeba przeżyć.

Tak jak poprzednie Biesiady, jubileuszowa 50. była wyjątkowa i niepowtarzalna. Po muzycznym wprowadzeniu przez Mirę Szable i krótkim podsumowaniu ponad czteroletniej działalności Grupy Poetyckiej ARKA zaprezentowanych przez Elżbietę W. Chojnowską, do mikrofonu podszedł znany w Chicago aktor Tadeusz Chrzanowski, który recytował wiersze Władysława Broniewskiego „Poezja" oraz „Ania".

Po nim Marek Kalinowski z wyczuciem tworzył podkład muzyczny, do którego kolejno wiersze czytali: Mira Zaniewska, Iwona Szybowska, Janusz Kliś, Stefania Murawska, Elżbieta W. Chojnowska, Nina Pielarz, Grażyna Jachymiak, Zofia Bukowska, Urszula Brynda, Marian Włodarski, Krystyna Kowal, Krzysztof Zwierzchowski, Ryszard Żmudzki, Elżbieta Wiśnicka, Izabela Trzaska, Marian Bagiński, Katarzyna Jabłonowska oraz Sophie Spanier. Na zakończenie Marek Kulisiewicz zaśpiewał piosenkę, do której tekst napisała Ewa Lipska.

Gwiazda Polarna (nr 12, 11 czerwca 2016)

Dotychczas Grupa Poetycka ARKA zaprezentowała Polonii 68 Biesiad Poetyckich, zebrała z dowolnych datków ponad $1500, które przekazała na Dom Samotnej Matki w Chicago, a Elżbieta W. Chojnowska zredagowała 230 rubryk poetyckich w tygodniku *Monitor*.

SPIS TREŚCI

Józef Komarewicz – *Rozmowa z Elżbietą W. Chojnowską* 5
Urszula Brynda 9
    Boże Narodzenie 2013 10
    Chwila zadumy z Koheletem 11
    Cud istnienia 12
    Głos serca 13
    Italia i wino 14
Ewa Brzoza-Birk 15
    Przesłona 16
    Modlitwa 17
    Echolokacja 18
    Dobranoc, Iwonko 19
    Odsłona 20
Zofia Bukowska-Kasyjanowa 21
    Zagubiony wiersz 22
    Metryka 23
    Uczmy się historii 24
    Miasto XX wieku 25
    Pożegnanie 26
Maria Gałązka-Wawrzuta – *O poezji Zofii Bukowskiej* 27
Elżbieta W. Chojnowska 33
    Powrót II 34
    Pamiętam 35
    Przesłanie 36
    Milczenie 37
    Marzenie chłopca 38
Halina Cieślik 39
    Parasol 40
    Krzyż 41
    Tęsknota 42
    Emigrant 43
    Kochanek 44
Leonard Gogiel 45
    Słońce w grudniu 46
    Przemijanie 47
    Ku wiośnie 48
    Wiosna 2013 49
    Hibernation 50
Katarzyna Jabłonowska 51
    Dom 52
    Niewidoma 53
    Miłosne tęsknoty 54

Hipokryzja 55
Dla Matki 56
Grażyna Jachymiak 57
To co mogło się zdarzyć 58
Matki płaczą 59
Nie 60
Twój tomik 61
Widzę Ciebie 62
Adam Jakubowski 63
Atrofie 64
Uniesienia 65
* * * [Przestrzeń wypełniona smutkiem...] 66
Opis (kliniczny) przypadku 67
* * * [Antypody...] 68
Krystyna Kowal 69
Diament 70
Kiść winogron 71
Pożegnalny zachód słońca 72
Szalem otuleni 73
W przydomowym ogrodzie 74
Barbara Madeja 75
* * * [Byłaś i już cię nie ma...] 76
* * * [Sztuka ma tyle dziedzin...] 77
* * * [Okropny rok walki...] 78
* * * [Kocham przyrodę...] 79
* * * [Ten cud natury powstał przed wiekami...] 80
Stefania Stanisława Murawska 81
O czym piszą poeci 82
Echo znad Michigan 83
Płomień miłości 84
Śniadanie 85
Wracam do Ciebie 86
Barbara Pastucha 87
Pozwól mi 88
Bez zazdrości 89
Bagaż 90
Odcienie jesieni 91
Z perspektywy czasu 92
Antonina Pielarz 93
Wypłakane diamenty 94
Boskość 95
Przebudzenie 96
Jesień 97
Kleszcze przeszłości 98
Ksiądz Czesław Jan Polak (1936-2008) 99

Słowa 100
Polska Dziewczyna 101
Prawda 102
Matka 103
Chicago 104
Elżbieta W. Chojnowska – *Czesław Jan Polak* 105
Sophie Spanier 107
Miasto moje 108
Dom 109
Droga 110
Istnienie 111
Ars Poetica 112
Marek Ziemowit Stawiarski 113
Posiadłości 114
Mój pies Orio 116
Poezjo ratuj 117
Niespełnieni 118
Iwona Szybowska 119
Dzień narodzin 120
Czarodziejska Góra 121
Owoc 122
Usta Persefony 123
Autoportret 124
Krzysztof Zwierzchowski 125
Wygnani z raju 126
Jesień 127
Pamięć 128
Miłość 129
Krajobraz dzieciństwa 130
Edward Dusza – *Żywa poezja w Chicago* 131

www.ingramcontent.com/pod-product-compliance
Lightning Source LLC
Chambersburg PA
CBHW060155100426
42744CB00007B/1042